Breve ensaio sobre o homem e outros estudos

Helio Jaguaribe

Breve ensaio sobre o homem e outros estudos

PAZ E TERRA

© by Helio Jaguaribe

Projeto Gráfico e Diagramação: Acqua Estúdio Gráfico

CIP-Brasil. Catalogação-na-fonte
Sindicato Nacional dos Editores de Livros, RJ.

J24b

Jaguaribe, Helio, 1923-
Breve ensaio sobre o homem
e outros estudos / Helio Jaguaribe. —
São Paulo : Paz e Terra, 2007.

ISBN 978-85-7753-042-7

1. Antropologia fisiológica.
2. Filosofia.
3. Sociologia. I. Título

07-2125   CDD-128
                                                           CDU-128

002131

EDITORA PAZ E TERRA S/A
Rua do Triunfo, 177
Santa Ifigênia, São Paulo, SP — CEP 01212-010
Tel.: (011) 3337-8399
E-mail:vendas@pazeterra.com.br
Home Page:www.pazeterra.com.br

2007
Impresso no *Brasil / Printed in Brazil*

Sócrates

Cópia do original grego de Lysippus c. 350 a.C., do Museu Arqueológico Nacional, de Nápoles.

SUMÁRIO

Agradecimento 9

Homenagem 11

Apresentação 13

I – ESTUDOS FILOSÓFICOS 17
   1. Breve Ensaio sobre o Homem 19
   2. Reflexões sobre as Duas Verdades 37
   3. Substância e Função 49
   4. Universalidade e Razão Ocidental 55
   5. Ateísmo Transcendente 65
   6. O Irrelevante e o Significativo 77
   7. Sucintas Reflexões sobre o Cristianismo.......................... 81
   8. Propostas Helenísticas e Demandas Contemporâneas 99
   9. O Humanismo na Sociedade Tecnológica de Massas 105
   10. Breve Referência aos Deuses Gregos 125

II – ESTUDOS SOCIOLÓGICOS 129
   11. Sociedade e Mundo em Princípios do Século XXI 131
   12. Democracia e Governança.. 157
   13. Breve Reflexão sobre a Situação e as Possibilidades
      Contemporâneas da Latinidade.................................... 165
   14. Ibero-América como Processo Histórico-Cultural e como
      Projeto Político 171

15. Tempo Histórico e Integração da América do Sul 179
16. Argentina, Brasil e Venezuela 189
17. Valorização da Amazônia 199
   1. O abandono 199
   2. Catástrofe Ecológica e Contribuição do Brasil 201
18. Brasil: O que Fazer? 205

AGRADECIMENTO

Agradeço ao Dr. Everardo Moreira Lima a cuidadosa revisão gráfica dos originais do texto deste livro.

HOMENAGEM

Este livro é dedicado à memória de Fernando Gasparian (27-1-1930 / 6-10-2006). Mantive com ele estreitas relações de amizade no curso de muitos anos e por ele tinha a mais alta admiração. Fernando foi um homem admirável, extremamente generoso, lúcido e culto, dotado de grande vitalidade e infatigável energia. Nas múltiplas e profícuas atividades que exerceu, foi incansável defensor dos ideais democráticos, da justiça social e dos legítimos interesses do Brasil. Industrial exitoso e fundador do jornal *Opinião* e da revista *Argumento*, opôs-se, intemeratamente, à ditadura militar, enfrentando sem vacilação as mais arbitrárias retaliações econômicas ao seu patrimônio. Como diretor da editora Paz e Terra, foi o editor de vários de meus livros. Seu último ato público foi a apresentação, na Academia Brasileira de Letras, de meu último livro, *O Posto do Homem no Cosmos*, vindo a falecer poucos dias depois. À viúva, minha cara amiga Dalva e a Helena, Laura, Eduardo e Marcus, as expressões de minha saudade.

APRESENTAÇÃO

Breve Ensaio sobre o Homem e Outros Estudos é um conjunto de dezoito estudos recentes e inéditos, com exceção dos capítulos 4 e 9, já publicados, em edição restrita, pela Academia da Latinidade. Na Seção I, os 10 primeiros estudos abordam uma problemática comum, de caráter filosófico. O ensaio sobre o homem constitui uma continuação de meu último livro, *O Posto do Homem no Cosmos*, no qual retomei, à luz dos conhecimentos atuais, o título e a problemática de um estudo de Max Scheler, de 1928. Scheler pretendia, com esse livro, dar uma versão preliminar de uma grande Antropologia Filosófica, que se propunha escrever e que esperava fosse a culminação de sua obra filosófica. Sua prematura morte não lhe permitiu executar esse projeto. De meu lado, entendi não me ser possível, nos meus 84 anos, intentar um projeto de antropologia filosófica como complemento de meu *O Posto do Homem no Cosmos*, dada a amplitude do trabalho e do tempo para tal requeridos. Optei, assim, por uma tarefa mais simples, que foi o ensaio que abre este livro e lhe dá seu título.

Os nove estudos seguintes, abordam temas conexos. A questão das *Duas Verdades* surgiu com as religiões monoteístas – Cristianismo e Maometismo. Nelas se apresentam verdades reveladas que nem sempre coincidem com as verdades da razão. Meu estudo sobre esse tema desenvolve a problemática a partir das relações da fé cristã com a verdade racional.

Substância e Função é um breve estudo de como o pensamento filosófico percorreu, historicamente, um caminho que parte de uma visão substancialista da realidade, com os gregos e o pensamento medieval, e conduziu, modernamente, a uma visão funcionalista do mundo.

Universalidade e Razão Ocidental procede, inicialmente, a uma elucidação de que sejam universalidade universal e os universais, com sucinto esclarecimento da controvérsia a respeito deste último conceito. A seguir, discute resumidamente três universos: o cósmico, o antropológico e o histórico.

O quinto capítulo, *Ateísmo Transcendente*, é assim denominado porque sustenta, concomitantemente, a inexistência de Deus e a transcendência do homem. Nele se analisa a improcedência das provas tradicionais da existência de Deus. Em seguida, procede-se à demonstração, tanto por razões sintéticas *a posteriori* como por razões analíticas *a priori*, da impossibilidade da existência de Deus. Ante essa terrível constatação, discute-se a afirmação de Dostoevsky de que, se Deus não existisse, tudo seria permitido ao homem. Em contestação, evidencia-se que a transcendência do homem o compele, para ter uma vida significativa em relação a si mesmo, ademais de em relação à sociedade, a orientar sua vida pelos valores transcendentais, de caráter ético, cultural e social.

O Irrelevante e o Significativo constitui uma reflexão em continuação do capítulo sobre ateísmo. Neste novo capítulo se indica como a inexistência de Deus e de uma alma imortal tornam, em última análise, o mundo irrelevante. Isto não obstante, a transcendência humana empresta ao homem a opção de ter uma vida significativa ou insignificante.

Sucintas Reflexões sobre o Cristianismo é um intento de esclarecer o contraste entre as discutíveis premissas básicas do Cristianismo como, no caso da Santíssima Trindade, a existência de um só Deus em três Pessoas ou, no que se refere ao Cristo, a existência nele de uma dupla natureza, humana e divina, com o fato histórico de se ter constituído, a partir dessas premissas, a mais importante das religiões monoteístas e, com base nela, a mais importante civilização do mundo pós-clássico.

Propostas Helenísticas e Demandas Contemporâneas visa a revelar características neo-helenísticas da sociedade contemporânea e mostrar a medida em que propostas helenísticas, como o epicurismo e o estoicismo, devidamente adaptadas às condições de nosso tempo, atendem a nossas necessidades.

O Humanismo na Sociedade Tecnológica de Massas desenvolve um tema afim com o precedente.

Breve Referência aos Deuses Gregos é uma pequena elegia em que celebro, nos deuses, o amor à Grécia.

A segunda parte deste livro, de caráter sociológico, contém oito estudos. *Sociedade e Mundo em Princípios do Século XXI* é um exercício prospectivo, que intenta prever as prováveis fases pelas quais tenderá a passar este século e discute os problemas que tenderão a emergir, ante os quais terá de se confrontar o Brasil.

Democracia e Governança discute a difícil questão de como, nas democracias de massas, se possam alcançar níveis satisfatórios de boa governança.

Breve Reflexão sobre a Situação e as Possibilidades Contemporâneas da Latinidade é um estudo que discute o espaço de possibilidade e o nível de validade da cultura latina nas condições contemporâneas.

O estudo sobre *Ibero-América*, décimo quarto capítulo deste livro, busca diferenciar os aspectos culturais desse conjunto de países das possibilidades operacionais, restritas à América do Sul.

O décimo quinto capítulo analisa a questão dos prazos históricos com que se defronta a *América do Sul* e as possibilidades de vir a se configurar sua integração econômico-política.

O décimo sexto capítulo discute a viabilidade e a importância de um estreito relacionamento entre *Argentina, Brasil e Venezuela*. Nele se indica a medida em que essa articulação tenderá a viabilizar a Comunidade Sul-Americana de Nações e lhe imprimir sentido operacional.

O décimo sétimo capítulo deste livro trata dessa gigantesca e abandonada reserva de riquezas que é a *Amazônia*. Numa primeira parte discute-se, brevemente, o criminoso descaso de que é objeto a Amazônia e a insensata política que conduziu a conceder cerca de 13% do território nacional, inclusive em regiões de fronteira com países estrangeiros, a uma ínfima população de cerca de duzentos mil índios. A segunda parte desse capítulo mostra como, ante a catástrofe ecológica que está se abatendo sobre a humanidade, a Amazônia dispõe do imediato potencial de suprir, mundialmente, com etanol e biodiesel, os combustíveis necessários para a indispensável substituição do petróleo e seus derivados, e da hulha.

O décimo oitavo e último capítulo deste livro, levando em conta as análises precedentes, mostra como o *Brasil* é, provavelmente, o país do mundo em que se registra a mais extraordinária brecha entre suas excepcionais potencialidades imediatas e seu modesto nível de desempenho. Por quê? Nesse estudo se sustenta que tal se deve, principalmente, a dois fatores inter-relacionados: baixos padrões médios éticos da sociedade brasileira e as abissais diferenças que separam o terço superior dessa população dos restantes dois terços. Ante essa situação, pousa-se a questão: é possível a recuperação ética de uma sociedade? Se possível, como?

I

ESTUDOS FILOSÓFICOS

1

BREVE ENSAIO SOBRE O HOMEM

1. O QUE É O HOMEM?

Max Scheler, em seu estudo *O Homem e a História*, obra póstuma publicada conjuntamente com *As Formas do Saber e a Cultura* ("Philosophische Weltanschaung", Cohen, Bonn, 1929), declara que há cinco principais concepções do homem, no curso da história: (1) a da fé religiosa, como na Bíblia, (2) a inventada pela Grécia, *homo sapiens*, (3) a do *homo faber*, dos naturalistas e positivistas, como os atomistas antigos, e autores como Bacon, Hume, Mill, Comte, Spencer, Lamarck e Darwin, (4) a do homem como *ser decadente*, como Theodor Lessing e (5) a do *ateísmo propositivo*, que sustenta que a liberdade do homem depende da não-existência de Deus, como querem Nietzsche, D. H. Kerler e Nicolau Hartmann, com sua *Ética*.

Importaria detalhar um pouco mais o rol das concepções do homem, a partir do atomismo grego e romano. Leucipo de Abdera (fl. 440 a.C.) e Demócrito (c.460–370), seguidos por Epicuro (341–271) e Lucrécio (94–55), sustentaram que a totalidade da realidade é composta por átomos, dotados de movimento próprio, que se deslocam no vazio do universo. Os átomos são corpúsculos materiais extremamente pequenos e por isso invisíveis, com formas e volumes diferentes, cuja combinação compõe todos os corpos e cuja dissociação os desagrega. A alma humana também é composta de átomos, extremamente finos, que se distribuem por todo o corpo e o animam, desagregando-se e se dispersando com a morte.

Platão, opostamente, sustenta, seguindo a Sócrates, uma concepção dualista do homem, formado por corpo mortal e uma alma imortal, submetida a um processo de metempsicose. A alma contém três dimensões: a racional (*tó logistikón*), de que decorre a sabedoria, a irascível ou volitiva (*tó thymoeidés*), de que decorre a coragem, a concupiscente (*tó epithymeticón*), de que decorre a moderação. Essa tricotomia da alma leva Platão a uma concepção também tricotômica da República, compreendendo o nível superior, dos dirigentes filosóficos, o intermediário, dos guerreiros e o inferior, dos produtores.

Aristóteles também concebe o homem como composto de corpo e *psyché*. Diversamente de Platão, todavia, concebe a alma como forma do corpo e a ele essencialmente vinculada, com ele perecendo. O homem de Aristóteles é o animal racional (*zoon logikón*), mas também o animal social (*zoon politikón*).

O pensamento helenístico, embora nele persistam correntes precedentes, se distribui predominantemente por quatro grandes escolas: epicurista, estóica, cética e, na sua fase romana, neoplatônica. De modo geral, notadamente no que se refere ao epicurismo e ao estoicismo, o objetivo que se tem em vista é ético ou prático: assegurar a tranqüilidade do espírito, *eudaimonia*. O epicurismo é atomista e tem por finalidade alcançar a tranqüilidade do espírito mediante uma vida de moderação, realizada de forma publicamente resguardada, na companhia de amigos e no desfrute da amizade. O estoicismo concebe a realidade como um grande conjunto dotado de alma. A *eudaimonia* consiste em viver de acordo com a natureza e no estrito cumprimento dos deveres, pessoais e públicos. O sábio é auto-suficiente, cultiva a *autarkeia*. É universalista, compreende que o bem é a virtude e a pratica, cumprindo seus deveres (*tó kathekón*).

O ceticismo, a partir de Pyrro de Elis (c.360–272) visa a obter a paz de espírito mediante a abstenção de compromisso com qualquer visão particular. Busca a *epoché*, ou a suspensão de juízos mediante a sistemática oposição de distintas propostas de conhecimento. Foi importante a contribuição para o ceticismo de Sextus Empiricus (III para o II século a.C.), que contestou as pretensões da filosofia dogmática de conhecer mais do que aquilo que é evidente. O objetivo a ser atingido pelo homem é a *ataraxia*, suspensão liberadora de juízos predicativos. Viver sem dogmas, de acordo com a aparência das coisas, com os costumes e com as inclinações naturais.

O neoplatonismo, com Plotino (205–270) e Porfírio (232/3–304) retorna ao dualismo platônico. Sustenta uma concepção triádica da realidade: Uno, Inteligência e Alma. O dualismo neoplatônico é finalista, a alma estando voltada para o homem interior (*éndon anthropos*). O homem é dotado de unicidade individual. A liberdade humana decorre da transcendência da *psyché* sobre a *physis*. Prescreve, no nível inferior, comunhão com o semelhante e, no superior, com Deus.

O pensamento medieval é comandado por três influências, a bíblica, a tradição clássica e a patrística. Com Sto. Agostinho, tem raízes neoplatônicas, paulianas e bíblicas. O homem é um itinerante no mundo, como um ser para Deus. Com Sto. Tomás e a Escolástica, é decisiva a influência de Aristóteles. Em seu curso, o pensamento medieval se inicia com uma fase patrística (construção de uma dogmática cristã racional), a que se seguem os três grandes momentos da Escolástica – Inicial, até o século XII, Alta (séc. XIII) e Baixa (XIV). Sto. Agostinho predomina até o século XII. A partir do XIII predomina Sto. Tomás (1225-1274).

A antropologia de Sto. Tomás contém três principais vertentes: (1) a concepção clássica do homem como animal racional, (2) influência neoplatônica, o homem como fronteira viva entre o espiritual e o corporal e (3) a concepção bíblica do homem como imagem e semelhança de Deus.

Com o Renascimento se desenvolve um novo Humanismo, que mantém a fé religiosa e a aceitação doutrinária e sacramental da Igreja, mas postula um novo individualismo, independente da tutela eclesiástica. A razão é a determinante da dignidade do homem, como salientará Pico della Mirandola (1463–1494) em seu *De Dignitate Hominis* (1486). O homem dispõe de *virtú* para enfrentar a *fortuna*. Nicolau de Cusa (1401–1464) em sua principal obra, *De Docta Ignorantia* (1440), intenta alcançar a conciliação dos contrários e a encontra em Deus, o máximo e o mínimo. Para alcançar o conhecimento de Deus o homem deve livrar-se de todas as determinações positivas, assumindo uma docta ignorantia.

A partir do Renascimento, o pensamento filosófico se desdobrará em duas direções opostas, que o levarão ao dualismo espiritualista de Descartes (1536–1650) e Pascal (1623–1662) e ao monismo de Thomas Hobbes (1588–1679). Para Descartes a realidade é dual: *res extensa* e *res cogitans*. A dúvida metódica permite constatar a própria existência como verdade irretorquível e, a partir da convicção na bondade de Deus, conduz à certeza da realidade da imagem do mundo proporcionada pelos sentidos. Para Pascal, dentro da oposição entre natureza e espírito, o homem é um ser naturalmente ínfimo que se eleva à grandeza pelo pensamento. Hobbes, diversamente, sustenta que o homem é seu corpo. É um ser da natureza que, como artífice de si mesmo, gera sua humanidade. A vida social, correspondentemente, consiste num trânsito do estado de natureza para o estado civil.

Nesse contexto John Locke (1632–1704) sustenta um dualismo moderado no seu *Essay Concerning Human Understanding*, de 1690. O homem é um ser racional e livre. Todas as idéias, entretanto, provêem da apreensão da realidade pelos sentidos e, a partir destes, pela abstração mental, gera as idéias. Não há idéias inatas.

Com a Ilustração, todos os dogmas, religiosos ou políticos, são submetidos a uma crítica racional. Essa posição conduz a uma crítica da Igreja e do Trono, levando a maior parte dos pensadores – com exceções materialistas, como as do barão Holbach e de La Metrie – a um deísmo filosófico que vê em Deus o relojoeiro do mundo. Por outro lado, com o contrato social de Rousseau, se sustenta que é por deliberação dos homens que se passa do estado de natureza ao estado civil. O século XVIII terá irrestrita confiança na razão, nela vendo a característica essencial do homem. Essa posição leva ao progressismo, pela expansão dos conhecimentos, que encontrará sua expressão máxima na *Enciclopédia Francesa*, com Diderot (1713–1784) e com Condorcet (1743–1794) em seu *Esboço de um Quadro Histórico do Progresso Humano*, expressão de otimismo histórico, escrito quando perseguido pelo Terror, postumamente publicado em 1795.

O pensamento filosófico da Ilustração encontrará a sua culminância com Immanuel Kant (1724–1804). O pensamento kantiano se desdobra em três períodos, o pré-crítico, até 1781, o crítico, da *Crítica da Razão Pura*, de 1781, à *Crítica do Juízo*, de 1790 e o pós-crítico, até seu falecimento em 1804.

A antropologia de Kant, formulada, principalmente, em sua *Antropologia em Sentido Pragmático*, de 1798, postula que o conhecimento pragmático é o que o homem faz, pode e deve fazer de si mesmo. A idéia do homem de Kant contém três linhas básicas: (1) a sensitivo-racional, (2) a físico-pragmática e (3) a das estruturas, religiosa, pedagógica e política.

Importante momento na concepção do homem e do mundo surgirá com Hegel (1770–1831). Formula uma concepção do homem em que estão dialeticamente articulados a natureza, o espírito subjetivo (indivíduo), o espírito objetivo (história) e o espírito absoluto (autoconhecimento).

Para Hegel "espírito", em parte, é o homem, designado por seu atributo essencial, mas é também uma substância espiritual que realiza sua crescente autoconsciência no curso da história e equivale à humanidade. Nesse curso do espírito se diferenciam quatro níveis: (1) o homem ante o mundo natural, na oposição dialética entre a imediaticidade (natureza) e o humano (espírito subjetivo), (2) o homem ante a cultura – a humanização que tem lugar no espírito objetivo, conducente à consciência. A história como progresso da consciência da liberdade, (3) o homem como ser-no-tempo, tempo dialético que articula a cadência da história e (4) o homem ante o espírito absoluto. O espírito absoluto, como processo, é Arte, Religião e Filosofia. Como saber absoluto, é conhecimento de si mesmo.

O espírito objetivo apresenta, para Hegel o seguinte desdobramento:

	Antropologia (ser natural)	Corporalidade Psiquismo Conseqüência
Espírito	Fenomenologia (relação ativa)	Consciência de si Razão
	Psicologia (afetividade)	Espírito teórico Espírito prático Espírito livre

O idealismo absoluto de Hegel conduziu a mais importante linha de seus seguidores, a esquerda hegeliana, a uma retificação que consistiu, no fundamental, em reposicionar a relação consciência–existência numa relação existência-consciência. O primeiro momento dessa recolocação foi a crítica da religião de Fuerbach (1804–1872), principalmente em sua *A Essência do Cristianismo*, de 1841. Sustentou nesse estudo que foi a demanda de um sentido absoluto que levou o homem à criação de Deus.

Karl Marx (1818–1883), influenciado pelo ateísmo de Bruno Bauer, líder intelectual do *Doctor's Club* de sua juventude e aderindo às idéias de Fuerbach, buscou uma reformulação geral do pensamento de Hegel, "recolocando-o de cabeça para cima", incorporando criticamente, ao mesmo tempo, as posições do socialismo francês. O homem, para Marx, é o animal racional e político de Aristóteles, mas também e fundamentalmente, o *homo faber*. É a partir dos modos de produção e das correspondentes forças de produção que são determinadas as concepções do mundo.

Não teria sentido, para os fins deste estudo, prosseguir com referências individuais aos principais pensadores que se seguem, de Marx a nossos dias. O que nos interessa é compreender como se transitou de uma concepção hegeliano-marxista às atuais idéias sobre o homem. Com inevitável margem de arbitrariedade, limitar-me-ei, assim, a breves indicações sobre Schopenhauer, Nietzsche e Freud, seguidas por Scheler, Cassirer, Ortega e Heidegger.

Na visão do autor de *O Mundo como Vontade e Representação* (Shopenhauer, 1819), o homem se defronta com uma realidade de que toma conhecimento por suas representações, ou seja, apenas fenomenicamente (Kant) e se defronta, por outro lado, com impulsos de sua natureza psicofísica que o conduzem a inúmeras formas de apetência, nunca satisfatoriamente atendíveis, pelo que somente a superação nirvânica da vontade pode lhe trazer repouso.

Friederich Nietzsche (1844–1900) concebeu o mundo, por um lado, como um sistema cíclico, regido pelo princípio do "eterno retorno do mesmo". Por outro lado, nesse mundo se encontra o homem, comandado pela vontade de poder. Esta, se convenientemente exercida (*Assim Falou Zaratustra*, 1883), pode conduzir à superação do vulgar no homem, gerando um homem superior (*Übermensch*).

Com Sigmund Freud (1856–1939) se intenta, por um lado, uma análise da estrutura do *eu*, caracterizada por três níveis de profundidade, o *id* inconsciente e profundo, o *ego* atuante e o *superego*, normativo. A atuação do homem se exerce no âmbito de possibilidades que lhe proporciona seu inconsciente, em função da normatividade que lhe prescreve o superego. A partir dessa análise da estrutura do *eu*, Freud propõe uma terapêutica para os distúrbios psicológicos, a psicanálise, consistente num procedimento pelo qual o psicanalista conduza o paciente a identificar os traumas que provocaram seus distúrbios e assim deles se livrar.

Max Scheler (1874–1928) concebe o homem como um ser natural dotado de espírito. O espírito, para Scheler, não é, como para os escolásticos, uma substância. Não existem substâncias espirituais, existem funções espirituais, que são uma propriedade exclusivamente humana, em virtude da qual as forças anímicas podem se auto-superar e autocontrolar. Essa propriedade possibilita, por um lado, o exercício de uma vontade e de uma razão livres. Por outro lado, a construção da cultura e a prática do sublime. Essas idéias permeiam o conjunto da obra de Scheler mas são mais especificamente discutidas em seu último livro, *O Posto do Homem no Cosmos*, de 1928.

Ernst Cassirer (1874–1945), da segunda geração do neokantismo, foi o mais importante representante dessa linha de pensamento, que nele se enriqueceu com um grande sentido historicista. Entre suas diversas contribuições no plano da antropologia filosófica a mais importante é seu *Ensaio sobre o Homem* (1944). Nele, seguindo a linha de idéias desenvolvidas em sua *Filosofia das Formas Simbólicas* (de 1923–1929), Cassirer considera que o atributo essencial do homem, que o caracteriza como tal, é sua capacidade de criar símbolos. O homem é o animal simbólico. A palavra é o grande símbolo do homem e a cultura é um sistema de símbolos. É pelo ato de simbolização que o homem se apropria das coisas e de suas características.

José Ortega y Gasset (1883–1955) um dos maiores filósofos de nossos dias, em sua incansável interrogação sobre o mundo, não foi conduzido à elaborar uma filosofia sistemática. Era ele, não obstante, um pensador sistemático, como o revela em seus numerosos estudos. O homem foi, sob múltiplas formas, o permanente objeto de sua inquirição. Para Ortega, o homem não tem natureza. É uma construção de si mesmo. O homem é seu projeto. O *raciovitalismo* de Ortega consiste numa razão baseada na vida, na vida individual de cada homem e na vida histórica de cada sociedade. A realidade se dá em perspectiva.

Martin Heidegger (1889–1976) é o filósofo mais influente de nosso tempo. Nele se conjugam inequívocas manifestações de genialidade com um discutível derivacionismo eidético, pelo qual extrai conclusões ônticas a partir de análises semânticas: *existir, ex-sistere, estar fora*. A preocupação central de Heidegger é voltar a compreender o ser, a partir da pressuposição de que a filosofia perdeu o sentido do ser e se extraviou na análise do ente. Para esse efeito Heidegger se propõe a estudar o ser no ser do homem, que ele designa de *dasein*, i.e., o ser-aí, o ser-agora, o que está jogado (*ex-sistere*) no mundo e no tempo. Com Hegel, entende que o puro ser e o nada são o mesmo. A filosofia deve ser retorno, um *Kehre*, que percorra os caminhos trilhados pelo ser. Conforme *Ser e Tempo* (1927) o homem, de eclipse do nada, se torna guardião do ser. O nada é o radicalmente outro, frente a todo ente. O nada é o véu do ser. Isto significa que o ser, através do nada, em parte se revela e em parte se oculta. O ser não pode ser conhecido objetivamente. Assim é que pensar, para Heidegger, consiste na pergunta pelo que significa o pensar. A filosofia é um descobrimento do ser, que se oculta e se revela.

2. PRIMATA TRANSCENDENTE

A que nos conduz a sucinta precedente resenha do modo pelo qual alguns relevantes filósofos vêem concebendo o homem? Creio, a partir das concepções apresentadas, que importa reconhecer como objeto de consenso a aceitação do conceito aristotélico de "animal racional" e de "animal social". Tal conceituação, entretanto, é insuficiente para o pensamento contemporâneo. A sociabilidade é comum a muitos animais e mais desenvolvida em certos insetos do que no homem. A racionalidade, por sua vez, embora em níveis extremamente mais modestos, é partilhada por muitos animais, como os mamíferos, em geral, como esse estranho invertebrado que é o polvo e, notadamente, como os símios antropóides. Por outro lado, a concepção dualista do homem, dotado de uma substância corpórea e de outra espiritual, embora continue perfilhada pelas religiões monoteístas, não encontra apoio científico, a partir da biologia molecular e da psicologia experimental.

Será procedente a idéia ortegueana, partilhada pelos existencialistas, de que homem não tem natureza, tem apenas projeto? Bem examinada a questão não se pode deixar de reconhecer que essa fórmula é sobretudo o exercício de um brilho verbal. Seria o equivalente de se dizer que o cavalo não tem natureza, tem um galopar. O que está em jogo nesse caso, como se elucidará melhor no subseqüente tópico deste estudo, é a necessidade de se distinguir a natureza humana da condição humana. A humanidade do homem é por ele em grande medida produzida. O que distingue o homem contemporâneo de homens de outros períodos históricos, como obviamente ocorre com relação ao Alto Paleolítico, são diferenças nas respectivas humanidades, ou seja, diferenças na condição humana. Esta resulta das inúmeras modalidades pelas quais o homem se insere no mundo e se relaciona com os demais homens e consigo mesmo. Esse portador de distintas condições humanas é, não obstante, um ser dotado de características essenciais permanentes: a natureza humana. O que é a natureza humana? É o conjunto de atributos comuns a todos os homens, de todas as épocas, hereditariamente transmitidos desde o homem de Cro-Magnon.

Essas características básicas comuns correspondem ao conceito aristotélico do homem, mas contêm elementos não considerados por Aristóteles. Esse elemento diferenciador, Cassirer o identificou como a capacidade de produzir e compreender símbolos. Mais uma vez importa reconhecer que há manifestações simbólicas em outros animais. São simbólicas condutas e manifestações corporais de hostilidade ou de amor, comuns aos mamíferos e identificáveis em outras espécies. O que mesmo os animais mais próximos do homem, os símios antropóides, não logram produzir, independentemente de sua corporeidade, são símbolos abstratos, como a palavra, ou como a pintura ou a música. Daí a pertinência da definição cassireana do homem como *animal simbólico*.

Sem prejuízo da pertinência dessa definição, importa reconhecer que ela identifica um produto específico do homem, o símbolo, mas não se refere ao atributo em virtude do qual o homem pode produzir símbolos. É evidente que esse atributo reside em algo que é característico do sistema racional-volitivo do homem. Algo que diz respeito a sua racionalidade e a seu livre-arbítrio. Entendo que esse algo, que Scheler designa de *espírito*, deve ser melhor identificado como *transcendência*. O homem é o animal transcendente. Mais precisamente, o *primata transcendente*.

Transcendência é o fenômeno em virtude do qual um ente ou um ato, ocorrendo uma relação de equilíbrio homeostático entre os fatores que o condicionem, eleva seu patamar de complexidade. É assim que um processo psicológico se converte em projeto.

O espírito, como o entende Max Scheler, carreia um conceito que deriva de uma visão substancialmente dualista do homem. Embora Scheler insista em dizer que o espírito do homem não é uma substância mas uma função superior, o inerente sentido substancialista contido nesse conceito se reflete, inevitavelmente, no desenrolar do pensamento schelereano. Tal não ocorre com o conceito de transcendência.

É certo, como tudo o que se refere ao animal humano, que algo de equivalente, embora em outra escala, também se observa nos animais. Ocorre, entretanto, que há dois níveis de transcendência, o primário e o transcendental. O primário, ocorre continuamente na natureza e nos animais, na conversão de processos moleculares em processos celulares, de processos celulares em fisiológicos, em psicológicos e destes em volitivos.

A transcendência transcendental, ou transcendência pura, só ocorre no homem e se exerce, volitivamente, como ato de liberdade e, intelectivamente, como conceituação. Os animais se comportam, no seu respectivo meio, levando operacionalmente em conta ou as propriedades das coisas com que lidam, da pedra, da água, ou bem as do predador e da presa. Mas não formam um conceito abstrato das coisas, independentemente da presença delas. É por essa razão que os animais não têm uma linguagem. É certo, como salientou Reichholf, que a linguagem humana depende, foneticamente, de uma posição favorável da glote, por falta da qual o homem de Neandertal não dispunha de uma linguagem articulada. O mesmo ocorre com os símios antropóides. Mas o aspecto fonético é apenas uma dimensão da linguagem, embora decisiva para a fala. O pré-requisito da linguagem é a conceituação abstrata do objeto e a predicação de seus atributos. O requisito essencial para a linguagem é a capacidade de abstração, ou seja, a transcendência intelectiva.

Como sustento em escrito anterior, *O Posto do Homem no Cosmos*, (São Paulo, Paz e Terra, 2006) o entendimento contemporâneo da realidade nela vê um contínuo, que vai do subatômico ao atômico e ao molecular, do molecular ao celular, deste aos organismos complexos e finalmente ao homem. Esse processo deve ser compreendido como um processo de transcendência primária, decorrente de uma particular propriedade do cosmos, que é sua transimanência. Nele diferenças quantitativas, a partir de certo patamar, se convertem em qualitativas. A transcendência primária observável na natureza e, notadamente, nos animais, se converte em transcendental no homem. Daí a pertinência de se conceber o homem como animal transcendente, especificamente, como *primata transcendente.*

3. NATUREZA E CONDIÇÃO HUMANAS

Como precedentemente referido o homem, como todas as espécies, tem uma natureza, que é fixa e lhe é hereditariamente transmitida. Mas tem também uma condição, a condição humana, que consiste nas múltiplas modalidades segundo as quais o homem se insere no mundo e se relaciona com os demais homens e consigo mesmo. É por confundir a invariável natureza humana com sua extremamente variável condição humana que filósofos como Ortega ou Sartre entendem que o homem não tem natureza mas apenas projeto.

Observe-se, desde logo, a medida em que essa construção se revela falaciosa, porque a atribuição ao homem da propriedade projetiva significa se lhe dar essa propriedade como natureza. Na verdade, a capacidade projetiva é parte essencial da natureza humana. Esta, entretanto, contém outras características. Sem dar a essa questão uma excessiva elaboração, comecemos por reconhecer que a natureza humana, como conjunto de propriedades transmissíveis hereditariamente, contém, necessariamente, os atributos característicos da ordem dos primatas. Dentro dessa ordem, há diversas espécies. A espécie, em sentido biológico, como definida por A.E. Emerson, "é uma população natural, geneticamente distinta, reprodutivamente isolada, dotada de evolução própria". A espécie humana, ainda no nível puramente biológico, possui características somáticas que lhe são próprias e que a distinguem dos demais primatas. Mais do que as características somáticas, entretanto, o traço distintivo do homem é seu sistema racional-volitivo, que lhe confere transcendência. Essas características da natureza humana, hereditariamente transmitidas desde a etapa evolutiva do homem de Cro-Magnon, têm um caráter permanente e invariável, da pré-história a nossos dias.

A condição humana, como já referido, se apresenta sob as mais diversas modalidades. Abordando essa questão de forma extremamente sucinta cabe reconhecer três distintos níveis de relacionamento do homem: (1) com o mundo, (2) com os outros homens e (3) consigo mesmo.

As diversas modalidades pelas quais, no curso da história, o homem se relacionou com o mundo, podem ser distribuídas em dois grandes grupos, conforme, num caso, o homem se conceba como um objeto do mundo e, em outro, conceba o mundo como objeto. A primeira modalidade corresponde às culturas cosmológicas, como as da antiga Mesopotâmia, as do Egito e, de modo geral, as culturas pré-filosóficas. Nelas o mundo é visto como um sistema omni-compreensivo, regido por grandes leis cósmicas, a que estão sujeitos os próprios deuses. A liberdade humana é restrita e tópica, o curso das coisas, inclusive as humanas, seguindo o rumo predeterminado do sistema cósmico.

No segundo grupo, que poderíamos denominar o das culturas dotadas de reflexão filosófica, como no excepcional caso da cultura helênica, o mundo é visto como um objeto susceptível de compreensão intelectual e, em ampla medida, de deliberada intervenção humana. No caso da Grécia foi o pensamento jônico, dos séculos VII e VI, que transferiu o entendimento do mundo de formulações mitológicas à busca racional de princípios fundamentais.

No que se refere ao relacionamento do homem com os outros homens, as diversas modalidades de condição humana se diferenciam conforme se trate do relacionamento familístico, do relacionamento social e do relacionamento histórico. O relacionamento humano primário é o familístico e se configura com a própria emergência do homem. Nele se diferenciam as relações entre parceiros sexuais, entre pais e filhos, irmãos, etc. A partir do Neolítico e das formas territorialmente delimitadas da sociabilidade, que adquirem sua configuração estável com a revolução urbana, a sociedade assume uma estrutura vertical, em que se diferenciam três estratos fundamentais: (1) o dos formuladores-gestionários, sacerdotes e seus sucessores, (2) o estrato intermediário dos executivos, originariamente guerreiros e (3) o estrato dos produtores, escravos, servos ou trabalhadores.

A condição humana, vista em função da história apresenta, no seu sentido mais amplo, uma diferenciação que resulta da tipologia das concepções do mundo, que se distribuíram em três modalidades: (1) a da concepção mágica do mundo, (2) a racional-qualitativa e (3) a racional-quantitativa.

São mágicas as culturas comoslógicas. A cultura helênica introduziu, revolucionariamente, uma concepção racional do mundo. A racionalidade helênica, dos jônios a Aristóteles e sucessores, é qualitativa. As coisas têm propriedades que lhes são inerentes e que o filósofo identifica. Essa concepção do mundo prevaleceu até o Renascimento. A partir de Copérnico, Galileu e outros, o mundo foi analisado quantitativamente. As leis da natureza são escritas em matemática. Essa visão, com as ampliações decorrentes do refinamento do cálculo, persiste até nossos dias.

A mesma história humana, vista mais especificamente em função do relacionamento das sociedades entre si e delas com o mundo, comporta uma diversificação mais complexa. Entre outras possíveis modalidades classificatórias creio ser particularmente relevante a que leve em conta a postura básica de uma civilização relativamente a outras sociedades e ao entendimento do mundo.

A partir desse critério se diferenciam, historicamente, cinco grandes modalidades civilizacionais: (1) civilizações predatórias, como a assíria, a mongólica, a tártara, a dos *vickings*, (2) civilizações cosmológicas, como as do Egito, da Babilônia, as pré-colombianas e outras, (3) civilizações estético-racionais, como a helênica, a etrusca e outras, (4) civilizações particularisticamente regulatórias, como a hebraica, a fenícia, a chinesa, a hindu e a persa e (5) civilizações universalmente regulatórias, como a romana, a ocidental e a islâmica.

Considerado o terceiro nível de relacionamento humano precedentemente referido, o do homem consigo mesmo, observaremos que a condição humana se diferencia conforme, por um lado, o homem não tenha nítida consciência de si mesmo, como os primitivos e os membros de civilizações cosmológicas, ou tenha plena consciência de si mesmo, como o homem helênico. Por outro lado, na relação homem-mundo e homem-deuses, a posição do homem varia conforme ele se situe como o centro desse relacionamento, como o homem clássico e o ocidental pós-medieval ou se conceba como um servo do divino, como os cosmológicos e os incondicionais monoteístas.

Às diversas categorias genéricas, precedentemente indicadas, dentro das quais se insere a condição humana, se agrega uma infinidade de modalidades específicas para cada grupamento humano e para cada indivíduo. A condição humana, nesse sentido específico, é distinta para cada momento e situação da vida.

4. DESTINO DO HOMEM

Num estudo precedente, *O Posto do Homem no Cosmos*, tive a oportunidade de observar esse estranho fato de a vida, em geral e de o homem, em particular, terem surgido no planeta Terra como seres dotados de finalidade própria, a partir de um cosmos destituído de qualquer finalidade. O homem é um ser teleológico. Qual é a finalidade que se dá a si mesmo e que finalidade, se alguma, tem como indivíduo e como espécie?

A primeira questão comporta, genericamente, uma resposta empiricamente confirmável. O homem busca, no curto lapso de sua vida, sua felicidade. Essa questão se torna mais complexa e discutível quando se procure determinar em que consista a felicidade humana. Há uma dimensão da felicidade humana que recebe predominante concordância geral, a de caráter psicofísico. O homem tem necessidades psicofísicas que, por um lado, são decorrentes de sua estrutura, como animal, e, por outro lado, têm caráter psicossocial, sendo muito mais complexas mas, em última análise, também susceptíveis de identificação.

O que torna essa questão extremamente difícil é a dimensão transcendente do homem. Sócrates não diferenciou, adequadamente, felicidade psicofísica de felicidade transcendente. Daí sua concepção de que o mal só é praticado por erro, por ignorância intelectual do que seja o bem. Aristóteles, diversamente, compreendeu perfeitamente o fato de que a felicidade psicofísica não coincide necessariamente com a felicidade "espiritual". Aquela pode levar o homem a condutas anti-sociais e antiéticas, sempre que vise a otimizar a satisfação de todas as suas demandas psicofísicas, independentemente de quaisquer outras considerações.

Em que medida as demandas psicofísicas devam ficar subordinadas a princípios éticos depende, por um lado, da crença em um julgamento divino da conduta humana e na existência de uma alma imortal que terá, depois da morte, o destino que resulte desse julgamento. Que ocorre, por outro lado, quando se denegue a existência de Deus e de uma alma imortal, posição segundo alguns, e o autor destas linhas, a que conduz o pensamento científico-filosófico contemporâneo?

Segundo Dostoevsky, tudo é permitido ao homem se Deus não existir. Dentro dessa linha de idéias, ao monista ateu radical seria dada a oportunidade de fazer tudo o que, estando a seu alcance, lhe convenha, sempre que se precavenha de punições no curso de sua vida. É indiscutível que essa linha de conduta, com maior ou menor prudência ou radicalidade, é seguida por muitos, do que resultam numerosas características de nosso tempo. Será essa a resposta final, desde o ponto de vista de um consistente ateísmo monístico?

Para o conveniente entendimento dessa questão importa reconhecer que o homem, além das características psicofísicas de sua espécie, é um ser transcendente. A transcendência humana, longamente entendida em função da transcendência divina, na verdade não depende desta mas decorre da própria natureza humana. O homem, como se referiu neste estudo, é um primata transcendente. A transcendência impõe ao homem a necessidade de ter sentido, dando sentido à sua vida, ainda que o mundo, como um todo, não tenha nenhum sentido. Dar sentido à vida consiste em transcender a dimensão puramente psicofísica, realizando, de modo significativo – e não apenas ocasionalmente – algo dotado de valor próprio. Esse valor próprio pode ser cultural, social ou simplesmente ético.

Como procedentemente sustentou Max Scheler, com sua "ética material dos valores", os valores têm um substrato inerente de caráter universal, ao mesmo tempo em que se apresentam, sempre, sob uma perspectiva histórica. A beleza pode emanar de uma estátua grega, como de uma chinesa ou africana, a despeito de exprimirem distintos padrões estéticos. Os atos de saber se produzem tanto na cosmologia jônica como na de Einstein. O heroísmo comporta Epaminondas e Joana D'Arc. A caridade, do bom samaritano a S. Francisco e à Madre Teresa de Calcutá.

Nenhum homem escapa ao vazio de sua vida (independentemente da irrelevância última do mundo) se ela se restringir à dimensão meramente psicofísica. As formas exitosas de felicidade antiética não escapam a esse vazio e subsistem, apenas, num regime equivalente ao da embriaguez, uma embriaguez, entretanto, que não consegue ocultar o vazio da vida.

Essa ordem de considerações conduz a uma ética social, ecológica e transcendente, que decorre da natureza humana e segundo a qual o imperativo de sentido transcendente se sobrepõe à mera satisfação individual das demandas psicofísicas. Não se trata de algo que dependa de um julgamento divino e que se oriente para uma destinação posterior à morte. Trata-se de algo direta e imediatamente relacionado com o sentido de vida de cada homem.

Ao homem é dada, no curso de sua breve vida, a possibilidade de torná-la, ademais de outras coisas, significativa ou insignificante. A partir dessa alternativa surgiram, desde a Antigüidade, éticas da austeridade que prescrevem um comportamento destituído de qualquer busca do prazer, orientado, exclusivamente, para o cumprimento do dever, como o cinismo antigo (que nada tem a ver com o corrente sentido de cinismo), o estoicismo e, dentre as concepções teístas, as formas ascéticas do judaísmo, do cristianismo e do maometanismo.

As éticas ascéticas, quando consideradas independentemente da convicção (ilusória) de divinas recompensas *post-mortem*, constituem meramente o oposto ao puro hedonismo. Assim como o puro hedonismo desatende a demanda transcendente de sentido, o asceticismo ignora as efetivas e reais demandas psicofísicas do homem, em nome de recompensas ilusórias. Vale uma razoável prática de ascetismo, sem dúvida, como exercício da vontade sobre os instintos, como o que poderia se denominar de "ginástica da liberdade". Nesse sentido, como todas as boas ginásticas, convém se praticar o ascetismo com moderação. Dele fazer o objetivo supremo da vida é o equivalente a uma gratuita mutilação.

A conclusão a extrair das precedentes considerações, levando em conta a prescrição délfica de "nada em excesso", é no sentido de que o sentido da vida consiste em sua orientação na direção dos valores transcendentais (culturais, sociais e éticos), dentro de um razoável desfrute, na medida do possível, dos prazeres psicofísicos e levando em conta a sociedade em que se viva e a preservação ecológica do planeta. A esse regime daria a denominação de *hedonismo ecologicamente consciente e social-transcendente*. Ao *hedonismo ecológico e transcendente* importa dar-lhe uma forte dimensão social, de sorte a justificar socialmente os que o pratiquem, tornando o mundo tolerável para todos os homens e eventualmente excelente para muitos.

Se um moderado hedonismo ecológico, social-transcendente constitui, segundo as precedentes considerações, o objetivo subjetivamente razoável para a vida de cada homem, cabe perguntar se o homem como espécie, tenha, objetivamente, uma finalidade própria, racionalmente identificável. A esse respeito, a resposta racionalmente procedente é de caráter exclusivamente biológico. As espécies animais, inclusive a humana, não têm, como espécies, objetivos transcendentes. A transcendência é do indivíduo humano, não de sua espécie. Como espécie, sua única finalidade é a autoperpetuação. Autoperpetuação que se poderá realizar na medida em que persistam as condições de ordem geral que permitam a existência do homem na Terra, (consciência ecológica) e algo que tem limites previsíveis – além da estatística de desastres cósmicos ou humanos – em função da limitada duração, não apenas do atual cosmos, em geral, mas especificamente dos 10 a 15 bilhões de anos da possível duração do sistema solar.

Um hedonismo ecológico e social-transcendente é a resposta imanentemente adequada à vida do homem no mundo, independentemente do fato de o mundo não ter sentido e de o homem não ter outro sentido do que aquele que se confira a si mesmo, levando em conta sua natureza transcendente e social.

BIBLIOGRAFIA

COSMOLOGIAS ANTIGAS

F. RACHBERG. *Mesopotamian Cosmology* in Norrise S. Hetherington, Ed. *Cosmology* Nova York, Garland, 1992.

Henri FRANKFORT. *Ancient Egyptian Religion* Nova York, Harper & Row, (1947) 1961.

Pierre BRUNET. "La Science dans l'Antiquité", in Maurice Daumas, Dir. *Histoire de la Science*, Paris: NRF, 1957.

CLÁSSICOS E HELENÍSTICOS

A.E. TAYLOR. *Socrates* Garden City, Anchor Books, 1992.

Alfonso REYS. *La Filosofía Helenística México*, GCE (1959), 1969.

ARISTÓTELES. *The Basic Works of Aristoteles*, Nova York, Random House (1941), 1968.

DEMOCRITO. *Démocrite – L'Atomisme Ancien.*

F. M. CONFORT. "Pattern of Ionian Cosmology" Milton K. Munite *Theories of the Universe*, Nova York, Free Press (1957), 1965.

LUCRECIO. *De Rerum Natura* tr. J. Kany-Turpin, Paris, Flamarion, (1993), 1998.

Pierre-Maxime SCHUL. Ed. *Le Stoicisme*, Paris, NRF, 1962.

PLATÃO. *Oeuvres Complètes* Paris, NFR, 1950.

Werner JAEGER. *Paidea – The Ideals of Greek Culture.* Nova York, Oxford Un. Press, 1945. 3 vols.

OCIDENTE

E. GARIN. *Moyen Age et Renaissance* Paris, Gallimard, (1954),1969.

Ernst CASSIRER. – *Individuo y Cosmos en la Filosofía del Renacimiento*, B. Aires, Emea, 1951, – *Filosofía de la Ilustración* tr. E. Imaz, México, FCE, 1943, – *An Essay on Man*, New Haven, Yale Un. Press, (1962), 1966.

Max SCHELER. *Ética*, Buenos Aires, Revista de Ocidente de Argentina, 1997.

Paul VIGNAND. *O Pensar da Idade Média* tr. A. Pinto de Carvalho, S. Paulo, Saraiva, 1941.

OBRAS GERAIS

Henrique C. de LIMA VAZ. *Antropologia Filosófica*, S. Paulo, Ed. Loyola, (1991), 2004. 2 vols.

Herschel BACKER. *The images of Man*, Nova York, Harper & Row, 1961.

José Ferreter MORE. *Diccionário de Filosofia*, Buenos Aires, Ed. Sudamericana, 1951.

Martin HOLLIS. *Models of Man*, Cambridge, Cambridge, Un. Press, 1977.

2

REFLEXÕES SOBRE
AS DUAS VERDADES

1. INTRODUÇÃO

O tema das duas verdades, como se indicará neste breve estudo, é algo que surge como decorrência das religiões monoteístas, como o Islamismo e o Cristianismo. A Antigüidade Clássica conhecia a diferença entre a representação sensorial da realidade e sua representação intelectual. Aquela, para Platão, era ilusória. Para Aristóteles, ao contrário, constituía a primeira representação efetiva da realidade, a partir da qual o intelecto, por abstração, concebia idéias. A distinção entre representação sensorial e representação intelectual não implicava, entretanto, a concepção de duas verdades. A idéia de verdade era unitária. Verdade intelectual, para Platão. Verdade sensorial, para Aristóteles e, por abstração, verdade proposicional.

Uma discussão, ainda que sucinta, do tema das duas verdades requer, inicialmente, uma clarificação do conceito de verdade. O que é verdade? O conceito comporta dois diferentes sentidos: (1) o que se refere à verdade de uma proposição e (2) o que diz respeito à verdade das coisas. Aquele se refere à medida em que se predique a algo um atributo que lhe corresponda (verdade) ou que não lhe corresponda (falsidade). O segundo sentido diz respeito à verdade do ser.

Neste último sentido, o conceito de verdade é entendido de forma diversa por diferentes culturas. Verdade, em hebraico, significa confiança, fidelidade. Em grego, *alatéia*, significa revelação, a verdade do ser. Em latim, *veritas*, significa veracidade. O sentido ocidental da verdade do ser corresponde, basicamente, ao latino.

A Escolástica diferenciava verdade *ontológica* de verdade *lógica*. Em sentido ontológico, verdade significa realidade, a realidade do ser. Em sentido lógico, a verdade consiste na correspondência entre a idéia e a coisa: *adequatio rei et intellectus*.

Para a filosofia moderna, a verdade proposicional consiste na verificabilidade, analítica ou empírica, da procedência de uma predicação.

2. CONCEITOS DE VERDADE

Nicola Abbagnano, em seu *Dicionário de Filosofia*, distingue cinco conceitos fundamentais de verdade: (1) como correspondência, (2) como revelação, (3) como conformidade, (4) como coerência e (5) como utilidade.

(1) Verdade como correspondência

O conceito de verdade como correspondência é o mais antigo e o mais usado. Foi expressamente formulado, pela primeira vez, por Platão, no *Crátilo*. "Verdadeiro é o discurso que diz as coisas como são; falso, aquele que diz as coisas como não são". Aristóteles, seguindo a mesma linha, declara: "Negar aquilo que é e afirmar o que não é, é falso, enquanto afirmar aquilo que é e negar o que não é, é verdadeiro".

Aristóteles afirma que a verdade está no pensamento ou na linguagem, não no ser ou na coisa. Por outro lado, a medida da verdade é o ser ou a coisa, não o pensamento ou o discurso. Uma coisa é branca porque o é e não porque se afirme.

Até as filosofias helenísticas o conceito de verdade e o critério de verdade coincidiam. Com os estóicos e os epicuristas conceito e critério de verdade se diferenciam. A verdade continua sendo entendida como correspondência entre o juízo e a coisa. Para os estóicos, entretanto, o critério de verdade é a "representação cataléptica", i.e., a representação evidente. Para os epicuristas, o critério de verdade é a sensação.

(2) Verdade como revelação

O conceito de verdade como revelação ou manifestação comporta duas modalidades, a empírica e a metafísica. Empiricamente, verdade é o que imediatamente se manifesta ao homem. É, portanto, intuição ou fenômeno. Metafisicamente, a verdade se revela como modo de conhecimento, mediante o qual se torna evidente a essência da coisa, ou o seu ser, ou o seu princípio. Nessa acepção, a evidência é ao mesmo tempo definição de verdade e critério de verdade.

O critério de verdade como revelação levou a reconhecer, na base do critério de evidência, verdades eternas. Assim Descartes com o *cogito*. Assim com o Romantismo. Para Hegel a idéia é a verdade porque esta é o responder da objetividade ao conceito. Não no sentido de que as coisas externas respondem a minhas representações: estas são, nesse sentido, representações exatas que eu tenho como indivíduo. Mas no sentido de que todo o real, enquanto é verdadeiro, é a Idéia e tem sua verdade por meio da Idéia e nas formas desta (Enc. § 213). Noutros termos: "a Idéia é a objetividade do conceito, isto é, a racionalidade do real, mas enquanto se manifesta à consciência na sua necessidade, isto é, como saber ou ciência" (*Sistema de Filosofia*, ed. Glockner, I, p. 423).

Para a fenomenologia, a verdade é a própria evidência dos objetos fenomenológicos como se apresentem, quando a *epoche* é efetuada.

Para Heidegger a verdade é revelação ou descobrimento. Somente ao homem a verdade pode revelar-se. Por outro lado, Heidegger afirma que a verdade não é o juízo. A verdade não é uma revelação de caráter predicativo, mas consiste em ser descoberta no ser das coisas e no *ser descobridor* do homem (*Ser e Tempo*, § 44). Por outro lado, cada descobrimento do ser, enquanto descobrimento parcial, é também um ocultamento do ser. "O ser se esconde, enquanto se revela ao ente. Desse modo, o ser, iluminando o ente, o desencaminha ao mesmo tempo para o erro" (*Holzwege*, p. 310)

(3) Verdade como conformidade com uma regra ou com um conceito

Formalmente, verdade como conformidade consiste na conformidade com as leis gerais necessárias do intelecto. O tema foi abordado pelo neokantismo de Baden. Windelband considerava que o objeto do conhecimento, o que mede e determina a verdade do próprio conhecimento, não é uma realidade externa, como tal inalcançável e incognoscível mas a regra intrínseca do próprio conhecimento (*Preludien*, 1884, 4ª ed. 1911, passim). Rickert identificava o objeto do conhecimento com a norma a que o conhecimento deva se adequar para ser verdadeiro (*Der Gegenstand der Erkentnis, 1892*). Para esses neokantianos a conformidade à regra, que para Kant era simplesmente critério formal de verdade, tornou-se a definição da própria verdade (*Abbagnano*, op. cit. p. 960).

(4) Verdade como coerência

Esse conceito de verdade aparece com o movimento idealista anglo-saxônico: B. Bosanquet (*Lógica na Metafísica do Conhecimento*, 1888) e F. H. Bradley (*Appearance and Reality*, 1897).

Segundo essa linha de pensamento, o que é contraditório não pode ser real. A verdade, portanto, é coerência perfeita.

(5) Verdade como utilidade

Esse conceito é próprio do pragmatismo, embora Nietzsche tenha sido o primeiro a formulá-lo, ainda que num contexto distinto. Para Nietzsche, verdade não significa, em geral, senão o que é apto à preservação da humanidade (*Vontade de Poder*, ed. Kremer, 78, 507).

Para William James a verdade, como utilidade, se aplica às crenças não verificáveis empiricamente ou não demonstráveis, como as morais e religiosas (*The Will to Believe*, 1897). Para F.C.S. Schiller (*Humanism*, 1963) "uma proposição é verdadeira, qualquer que seja o campo a que pertença, somente por sua efetiva utilidade, isto é, porque é útil para estender, por meio do conhecimento, o domínio do homem sobre a natureza, ou para a solidariedade, para a ordem do mundo humano. Uma versão alternativa desse conceito se encontra no *instrumentalismo* de todo procedimento cognitivo, de Dewey.

3. DUPLA VERDADE

Antecedentes

A emergência do conceito de duas verdades está ligada, como precedentemente se mencionou, a duas religiões monoteístas, o Cristianismo e o Islamismo. Isto não obstante, a problemática mergulha suas raízes na distinção aristotélica entre o intelecto agente e o intelecto passivo e, a partir de Aristóteles, de comentadores como Alexandre de Aphrodisias (fl. c. 200 d.C.).

Dentro de sua concepção geral diferenciando matéria e forma, potência e ato, Aristóteles entendia existir na alma do homem um intelecto passivo, que consistiria na potencialidade do entendimento, e um intelecto ativo, que consistiria no efetivo exercício dessa capacidade, (*De Anima*, III, 5).

Alexandre de Aphrodisias, destacado comentador de Aristóteles, sustenta, em nível mais amplo, uma posição conceitualista. Vários particulares podem participar de uma única natureza comum. Essa natureza, entretanto, não existe como um universal a não ser quando abstraída, pelo pensamento, de suas instâncias particulares.

No que se refere à distinção aristotélica entre intelecto passivo e intelecto agente, Alexandre identifica o intelecto agente com Deus. Este, como a mais inteligível entidade, torna tudo o mais inteligível. Como seu próprio agente auto-subsistente, somente o intelecto agente é imperecível. O intelecto humano como tal (intelecto passivo), diversamente, perece com a morte.

Essa tese de Alexandre de Aphrodisias terá importante impacto no pensamento do Renascimento, onde será confrontada com as posições de Averroes, opondo à afirmação alexandrina da mortalidade da alma a tese de um entendimento ativo universal e imperecível.

Verdade única

A tese clássica da verdade única é retomada pela Alta Escolástica medieval mas, já agora, a partir do entendimento de que Razão e Fé coincidiam. A Revelação nos transmite diretamente, pela palavra de Deus, as verdades sobre as quais se fundamentará a fé cristã. Por outro lado, a razão humana foi criada por Deus e por ele destinada a alcançar a verdade. Assim é possível, por via filosófica, confirmar-se as verdades da fé. A partir dessas suposições se desenvolve a obra filosófico-teológica de Sto. Alberto Magno e de Sto. Tomás de Aquino. Típicas dessa convicção na unidade da verdade filosófica e da teológica são as cinco provas da existência de Deus apresentadas por Tomás de Aquino.

Típica, também, dessa concepção unitária da verdade, é a prova ontológica da existência de Deus formulada por Sto. Anselmo. Não importa, para o caso, o fato de Anselmo ser um realista platônico e Tomás um conceitualista aristotélico. Em ambos se manifesta a mesma convicção de uma verdade única, alcançável tanto por via filosófica como pela Revelação.

O desenvolvimento do pensamento medieval, da Alta para a Baixa escolástica do século XIV, foi marcado pela constatação de que, contrariamente ao que pensava Tomás de Aquino, diversas verdades reveladas não são confirmáveis pela razão. A discrepância entre razão e fé se apresenta em múltiplos casos, desde os relativos a mistérios como o da Santíssima Trindade ou da dupla natureza, divina e humana, do Cristo, até questões relativas à relação alma-corpo.

Filósofos como Duns Scoto (1266–1308) e Ockham (c. 1285–1347) são levados a constatar o conflito entre a razão e a fé em inúmeros casos. Ante esse conflito, opinam no sentido de que a verdade religiosa, sendo diretamente transmitida por Deus, é a única verdade. As opiniões divergentes, decorrentes da discussão racional revelam, apenas, a impotência da razão humana. Não se assume, assim, a existência de duas verdades, eventualmente conflitantes, a racional e a revelada. Assume-se a impotência da razão para compreender tudo o que Deus significa e tudo o que ele revelou.

Nicolau de Cusa

Nicholas Kryfts, nascido em Kues (Cusa) em 1401 e falecido em 1464, que se tornou conhecido por seu nome latinizado, Nicolau de Cusa, representa o mais alto momento da filosofia no Renascimento. Tendo, inicialmente, apoiado as posições conciliares contra o Papado (*Concordância Católica*, de 1432), convenceu-se em 1435, de que somente o Papa poderia preservar a unidade da Igreja e a ele aderiu. Designado cardeal em 1448 e bispo de Brixen em 1450, exerceu, durante toda a sua vida, uma dupla atividade, como pensador e como representante do Papa em diversas missões, notadamente em seus esforços para reunificar os ortodoxos com Roma e estabelecer um entendimento, em nível mais profundo, entre o Cristianismo e o Islamismo.

A principal contribuição teórica de Nicolau de Cusa é sua tese sobre a *coincidência dos contrários* no infinito e em Deus, sustentada, principalmente, em seu famoso livro *De Docta Ignorantia*, de 1440.

A tese cusana da douta ignorância consiste, por um lado, na afirmação da *coincidentia oppositorum* no infinito e em Deus e, por outro lado, a partir da constatação dos imensos limites do saber intelectual, na afirmação de que é pelo êxtase que o espírito humano pode se elevar a Deus.

A tese da coincidência dos opostos no infinito e em Deus constitui um importante momento no curso histórico do tema das duas verdades. Negando a irrestrita validade do princípio da contradição, Nicolau de Cusa abriu o caminho para a validade da sustentação de verdades que se contrapõem.

As duas verdades

A tese das duas verdades encontra suas primeiras formulações expressas em dois pensadores, o islâmico Averroes e o cristão Piero Pomponazzi. Em ambos os casos, o que esteve em jogo foi a constatação de que existem múltiplos conflitos entre a razão e a fé, entre o pensamento filosófico e o religioso.

Historicamente, o primeiro desses pensadores foi Averroes (Abu´l-Walid Mohammed Ibn Ahmad Ibn Mohammed Hafid Ibn Rusd) nascido em Córdoba, em 1126 e falecido no Marrocos, em 1198. Discípulo de Abubaker, um dos mais eminentes filósofos árabes, foi Juiz (Gâdi) em Sevilha e em Córdoba. Manteve, durante quase toda a sua vida, excelentes relações com o dirigente Almohad de Córdoba. O sucessor deste, al-Mansur (1184–1199), adotando posições de grande rigidez ortodoxa, se indispôs com o filósofo, e o baniu, de 1195 a 1198, quando foi anistiado, pouco antes de seu falecimento no Marrocos. Foi-lhe dada sepultura em Córdoba.

Autor prolixo de obras sobre medicina, direito e filosofia, Averroes foi o mais importante comentador árabe de Aristóteles, tendo, na época, transmitido grande parte do conhecimento do estagirita ao Ocidente. Central, no pensamento de Averroes, é sua interpretação da teoria de Aristóteles a respeito do Intelecto ativo e decorrente denegação da imortalidade da alma e concomitante afirmação da eternidade da matéria, contestando qualquer criacionismo *ex-nihil*.

Avultam, entre suas obras, o *Tratado Decisivo* e *Incoerência da Incoerência*. Esta última é uma oposição a al-Ghazali, Averroes nela sustenta o naturalismo e seu corolário, a eternidade do mundo. O precedente estudo é o que se reveste de particular importância para o tema em discussão, porque nele Averroes estabelece uma distinção entre a verdade religiosa, que precisa ser compartida por todos os homens, e a verdade filosófica, a que somente podem ter acesso os habilitados.

É controversível a medida em que Averroes, com sua tese das duas verdades, tenha sustentado sua compatibilização em nível superior ou admitido margens de recíproca incompatibilidade entre elas. Seu exílio pelo ortodoxo al-Mansur fortalece a última suposição.

Piero Pomponazzi

Com Pomponazzi (1462–1525), nascido em Mantua e professor em Pádua e em Bolonha, surge um dos mais importantes pensadores do Renascimento e destacado comentador de Aristóteles, por ele interpretado de conformidade com Alexandre de Aphrodisias. Opôs-se tanto a Averroes como a Tomás de Aquino, sustentando, relativamente a este, a teoria das duas verdades.

Em seu tratado *De Immortalitate Animae* (1516), Pomponazzi afirma que a imortalidade da alma é uma verdade religiosa, a que se contrapõe, filosoficamente, o reconhecimento de sua mortalidade. Por prudência, relativamente ao poder da Inquisição, Pomponazzi pretende sustentar, pessoalmente, a verdade religiosa. É inequívoco, entretanto, que seu pensamento, constatando a incompatibilidade entre as duas verdades, julga procedente a verdade filosófica.

A posição naturalista de Pomponazzi (*De Naturalium Effectum Admirandorum Causis Sive*, de 1556) o leva a considerar que eventos tidos como milagrosos têm origem natural, embora esta possa ainda não ser conhecida. Em *De Fato, Libero Arbitrio, Praedestinacione, Providencie Dei Liber Quinque*, de 1520, sustenta a inexistência de predestinações ante o livre arbítrio-humano.

Subseqüente curso histórico

A tese das duas verdades não teve, historicamente, significativa continuidade teórica. O século XVII, reagindo ao semipaganismo do Renascimento, foi, ao mesmo tempo, estritamente religioso (nas vertentes da Reforma e da Contra-Reforma) e estritamente científico. Filósofos como Descartes, Pascal e Leibniz, ou cientistas como Newton, embora não abordando, expressamente, a compatibilidade entre razão e fé, a tinham por pressuposto em seus trabalhos. A questão passou a assumir um caráter distinto com a Ilustração.

A Ilustração, com seu radical racionalismo, sua frontal oposição aos meros argumentos de autoridade e à suposta autoridade dogmática da Igreja (*écrasez l'infâme*), de Voltaire, denegou validade às formas dogmáticas da religião, tal como transmitidas pela tradição cristã. Em seu lugar, sustentou a procedência de uma religião natural, inscrita no coração humano e conducente a um teismo não dogmático.

O racionalismo filosófico e histórico-sociológico da Ilustração não conduziu a uma teoria das duas verdades. Consistiu, simplesmente, em denegar o caráter de verdade aos postulados da Revelação e assumir, como única modalidade de verdade, a científico-filosófica.

Como precedentemente se mencionou, não se registra, do século XVIII a nossos dias, nenhum intento teórico de sustentação de duas verdades. Pensadores como Chesterton (1874–1936) ou Maritain (1882–1973), ou ainda como Teilhard de Chardin (1881–1955), continuaram sustentando, como Tomás de Aquino, a compatibilidade entre a razão e a fé, a verdade científica e a religiosa. No curso do período em questão o que se observa, entretanto, é um contínuo crescimento das posições agnósticas, conducentes à aceitação de uma única verdade, a científico-filosófica.

Importa levar em conta, não obstante, relativamente aos nossos dias, a significativa parcela de pessoas cultivadas e cientes dos progressos científicos como, notadamente, os da biologia molecular, que mantêm convicções religiosas, concomitantemente com sua cultura científico-filosófica. Como se processa tal concomitância?

Tudo leva a crer, tanto por considerações de ordem lógica como por declarações de algumas dessas personalidades, que a atual compatibilização entre razão e fé, por parte dos que não sustentem posições filosóficas como as de Maritain ou Teilhard de Chardin (posições essas que continuam tendo adeptos), se deve a uma implícita aceitação da tese das duas verdades. Para esse significativo conjunto de homens que conservam sua religião, a despeito da ampla medida em que tal religião é contraditada por suas próprias convicções científicas, o que se passa é uma diferenciação entre "verdade científica" e "verdade existencial". Para tais pessoas o mundo não é explicável sem Deus, não tanto do ponto de vista cosmológico e biológico, mas sim do ponto de vista existencial, do sentido da vida. Deus é existencialmente necessário. Importa, então, proteger essa convicção, de que depende o sentido da vida dos que dela participem, de quaisquer críticas científico-filosóficas. Confie-se à ciência a explicação dos sistemas causalísticos. Confie-se à intuição existencial a convicção em Deus. Aceite-se, decorrentemente, a incomunicabilidade entre essas duas convicções.

BIBLIOGRAFIA

Aristóteles. *De Anima*, in *The Basic Works of Aristóteles*, Random House, Nova York, 1941, pp. 535 e ss.

Denis Huisman. *Dicionário dos Filósofos*, tr. port. Martins Fontes, São Paulo, 2004, particularmente *Alberto Magno*, pp. 23-25, Tomás de Aquino, pp. 977-988, *Teilhard de Chardin*, pp. 962, 971.

Edmund Husserl. *Phenomenology*, ed. Joseph J. Kockelmans, Anchor Books, Doubleday, Garden City, 1962, in "On Phenomenological Reduction", p. 105 e ss.

Ernst Cassirer. *El Problema del Conocimiento*, I, tr. esp. Fondo de Cultura Económica, México, 1953, part. Libro Primero, pp. 65 a 194, *Individuo y Cosmos en la Filosofía del Renacimiento*, tr. esp., Emece, Buenos Aires, 1951, *Filosofía de la Ilustración*, tr. esp. Fondo de Cultura Económica, México, 1943, particularmente "La Forma de Pensamiento de la época de la Ilustración, pp. 17-48.

G. W. F. Hegel. *Encyclopédie des Sciences Philosophiques*, tr. fr. Lib. J. Vrin, Paris, 1994, vol. I § 213, p. 446.

H. Rickert. *Ciência Cultural y Ciência Natural*, tr. esp. Espasa Calpe Buenos Aires, 1945.

Julian Marias. *La Filosofía en sus Textos*, vol. I, Ed. Labor, Barcelona, 1950, particularmente *San Anselmo*, pp. 351-377, *Averroes*, pp. 426, 449, *Sto. Tomás*, pp. 532-634.

Martin Heidegger. *El Ser y el Tiempo*, tr. esp. Fondo de Cultura Económica, México, 1951, particularmente § 44, pp. 244 e ss.

Platão. *Crátilo*, in *Oeuvres Complètes*, NRF, Bibliothèque de La Pleiade, Paris, 1950, pp. 614 e ss.

Wilhelm Dilthey. *Introducción a las Ciencias del Espirito*, tr. esp., Fondo de Cultura Económica, México, (1944), 1949.

Wilhelm Windelband. *Preludios Filosóficos*, tr. esp., Santiago Rueda, Buenos Aires, 1940, particularmente, "Que é Filosofía?", pp. 1-38 e "Sobre el Pensamiento y la Reflexión", pp. 233-256.

OBRAS GERAIS

Denis Huisman. *Dicionário dos Filósofos*, tr. port, Martins Gentes, S. Paulo, 2004.

BIBLIOGRAFIA

Hans Joachim STÜRIG. *Historia Universal de la Filosofía*, tr. esp. Tecnos Madrid, 1997.

José Ferrater MORA. *Diccionario de Filosofía*, Ed. Sudamericana, Buenos Aires, 1951.

Nicola ABBAGNANO. *Dicionário de Filosofia*, tr. port. Edit. Mestre Jou, S. Paulo, 1982.

Robert AUDI. Ed. *The Cambridge Dictionary of Philosophy*, Cambridge, Univ. Press (1955), 1999.

3

SUBSTÂNCIA E FUNÇÃO

1. INTRODUÇÃO

Como, entre outros, observa Ernst Cassirer,[1] o pensamento filosófico seguiu, no curso da história, uma rota que, a partir de uma visão substancialista da realidade, conduz a uma visão funcionalista. A filosofia começa no momento em que o homem substitui a explicação mítica do mundo por uma explicação racional. A primeira fase do pensamento filosófico se inicia com os jônios, de fins do século VII ao V e se orienta para buscar o substrato básico ou primordial de que se compõem todas as coisas. Foi um pensamento racional-qualitativo. Estendeu-se dos jônios a Aristóteles e deste aos Escolásticos, até o Renascimento.

O pensamento substancialista entende que a realidade é constituída por uma substância básica ou um conjunto de substâncias básicas, como água, para Tales, ar, para Anaxímenes, semens, para Anaxágoras, microcorpos invisíveis, para Leucipo, Demócrito e o atomismo antigo.

Com Galileu e Copérnico emerge uma visão quantitativa do mundo, guiada por um pensamento racional-quantitativo. O mundo é visto como um sistema funcional de processos. Esse pensamento se aprimora com Newton e, mais ainda, com a moderna física quântica e a biologia molecular. Com Kant o pensamento filosófico distingue os fenômenos percebidos pela sensibilidade da realidade última, o numenon, que permanece incognoscível. O neokantismo contestará a idéia de numenon e reduzirá toda a realidade ao fenomênico.

---

1. Cf. Ernst Cassirer, *Substance and Function*, Nova York, Dover (1953).

O pensamento funcionalista, a partir do Renascimento, aproximando-se de Heráclito, concebe a realidade física como um processo dinâmico, como um contínuo fluxo. Essa visão do mundo conduzirá, contemporaneamente, à concepção da realidade como composta por radiação e por partículas-força subatômicas, que se agregam em átomos e moléculas e estas, nos seres vivos, em células.

Não obstante a visão funcionalista de nossos dias o conceito de "substância" preserva sua validade lógica quando entendido não como substrato do real, mas como objeto de uma predicação. Assim, quando se diz que a maçã é gostosa, se faz referência a uma substância lógica dessa predicação, a fruta maçã. Vista de um ponto de vista físico, entretanto, desaparece a substância objeto da predicação e emerge uma determinada composição celular, por sua vez decorrente de uma determinada composição molecular, atômica e subatômica.

2. CURSO HISTÓRICO

Jônios

A filosofia grega começa fora da Grécia, na Jônia, região do setor central da costa ocidental da Anatólia, hoje parte da Turquia. Essa região é delimitada, ao norte, pelo rio Aeolis, ao sul, pelo rio Caris, separada do restante da Anatólia por uma cadeia de altas montanhas. Inclui as ilhas de Chios e Samos. Foi povoada por imigrantes da Ática e outras regiões centrais da Grécia, em seguida à invasão dórica de 1000 a.C.

No século VIII a.C., ou mesmo antes, havia na Jônia doze centros principais: Phocaca, Erythrae, Clazomenae, Teos, Lebedus, Colophon, Ephesus, Priene, Myus e Mileto.

Thales, de Mileto (segunda metade do século VII) sustentou que o elemento primordial é a água, da qual depende a vida, por rarefação, torna-se ar e fogo e, por condensação, terra. Anaximandro, também de Mileto (c. 610–545), divergindo da linha central dos jônios, entende que a realidade decorre do *apeiron*, o ilimitado, que em suas manifestações concretas se converte nos diversos corpos do mundo. Anaxímenes, outro mileteano (ca. 595/84–528/24), retoma a idéia de uma substância básica e considera que esta seja o ar.

Outras linhas

Do século VI ao V o pensamento grego formula diversas outras explicações alternativas para o substrato da realidade. Com Pitágoras, de Samos (ca. 580 – ca. 500) os números, ademais de referirem quantidades são, eles mesmos, o substrato das coisas. Visão distinta será sustentada pelos eleatas, para os quais, com Xenófanes, de Colofon (ca. 570 – ca. 475) o ser é imutável, é o Todo-Um. Essa teoria será desenvolvida por Parmênides, de Elea (ca. 540–470) que frisa o contraste entre o ser e o não-ser. Ser é a totalidade do real. Não-ser é o espaço vazio. Somente o ser é, o não-ser não é nem pode ser pensado. O ser é indivisível, imutável, sempre existiu e não pode deixar de existir. Os sentidos nos revelam aparências. Somente a razão nos revela o ser. Essas idéias são sustentadas de forma paradoxal por Zenon, de Eleas (ca. 495 – ca. 430). Valendo-se da infinita divisibilidade do espaço Zenon, entre outros paradoxos, argumenta que, apesar de sua velocidade, Aquiles jamais alcançará uma tartaruga que inicie seu curso antes dele. Isso porque, enquanto Aquiles se aproxima da tartaruga esta caminha um pouco mais. Para alcançá-la, Aquiles terá, primeiro, de percorrer metade do caminho que dela o separa. Essa metade, entretanto, contém outra metade e mais outras, infinitamente, de tal sorte que Aquiles sempre terá uma fração de espaço o separando da tartaruga.

A reflexão de Anaxágoras, de Clazomene (ca. 500 – ca. 428) é no sentido de considerar que a infinidade de coisas existentes não pode decorrer de uma única e mesma substância e sim, também, de uma multiplicidade de *semens*, originadores de tudo o que existe, conduzindo, sob a direção de *Nous*, a inteligência ordenadora, à formação do mundo como ele é. Particularmente importantes, na compreensão filosófica da realidade, serão as contribuições de Heráclito e, em linha completamente distinta, de Leucipo e Demócrito. Heráclito, de Efeso (ca. 540–480) entende que a realidade consiste num contínuo fluxo dialético de contrários binários, dia-noite, frio-quente, sólido-fluído. Por isso, observa, ninguém pode se banhar duas vezes no mesmo rio.

O atomismo antigo, com Leucipo, de Mileto (meados do séc. V) e Demócrito, de Abdera (ca. 470–370), considera que a matéria visível é composta por uma infinidade de micropoliedros, os átomos, invisíveis por seu mínimo tamanho, cujas diversas formas de agregação compõem todos os corpos e cujas desagregações provocam a mudança das coisas. A alma é também composta de átomos, muito finos, que se desagregam com a morte.

É extraordinária a medida em que a concepção por Heráclito da realidade como um contínuo fluxo, e o atomismo antigo, de Leucipo e Demócrito, a Epicuro e Lucrecio, constituem visões do mundo basicamente corretas. Evidentemente, as concepções do fluxo cósmico por Whitehead e o atomismo da física contemporânea são distintos de seus predecessores gregos mas, de qualquer sorte, o pensamento helênico, por pura reflexão racional, destituída dos recursos da ciência moderna, logrou um entendimento básico do mundo confirmado, no fundamental, pela física contemporânea.

Não obstante a superioridade explicativa das concepções de Heráclito e de Demócrito, o pensamento antigo optou, predominantemente, pela teoria de Empédocles, de Agrigento (ca. 490–430), considerando que a realidade se compõe, de formas diversas, de quatro elementos básicos: terra, água, ar e fogo. Essa concepção será mantida por Aristóteles, no âmbito de uma filosofia complexa, que distingue matéria de forma, ato de potência e diferencia quatro modalidades de causa: material, formal, final e eficiente. O estoicismo manterá, em sua física, a teoria dos quatro elementos, embora os considere derivados do fogo, como verdadeira substância primordial. A Escolástica medieval retém as concepções de Aristóteles.

Nova Física

No trânsito do Renascimento para o século XVII ocorre uma profunda modificação na visão do mundo, que passa de um pensamento racional-qualitativo para um pensamento racional-quantitativo. Com Nicolau Copérnico (1473–1543) se estabelece o heliocentrismo e se transita da astronomia ptolomaica para a moderna. Com Galileu (1564–1642) se constitui o início da física moderna, sendo sintetizadas suas concepções no *Discorsi e Dimonstrazione Matematiche Interna e Due Nuove Scienze*, de 1634. O heliocentrismo de Copérnico é definitivamente fundamentado em seu *Dialogo sobre Due Massini Sistemi del Mondo, Telemaico e Copernicano*, de 1632. A natureza passa a ser concebida matematicamente.

O pensamento racional-quantitativo percorrerá um longo curso, da física de Galileu à de Newton e Laplace, ao rígido determinismo da ciência do século XIX, até o relativismo estocástico da física contemporânea. Esse percurso assinala um crescente distanciamento do substancialismo originário e sua correspondente substituição por um funcionalismo de processos.

3. O QUE É QUE EXISTE?

O que é que existe, de acordo com o pensamento contemporâneo? Em última análise a resposta é no sentido de conceber a realidade como um conjunto de radiação e partículas-força subatômicas, energia e matéria sendo reciprocamente conversíveis, conforme a famosa fórmula de Einstein: $e = mv^2$.

O desenvolvimento da cosmologia de Copérnico e Galileu conduzirá, com Gamow à teoria do "big bang", ocorrido a cerca de 13,7 bilhões de anos, cujo efeito expansivo foi exponencialmente incrementado por um subseqüente processo inflacionário, de acordo com Alan Guth e, será novamente, dez bilhões de anos depois, ampliado pela energia escura. Com Einstein o universo passa a ser concebido como um sistema quadridimensional, o espaço-tempo, em contínuo processo de expansão.

Entre as diversas hipóteses aventadas a respeito da origem e do destino do universo, a de John A. Wheeler e Andrei Linde, concebendo o cosmos como um eterno processo cíclico, é logicamente a mais consistente. Segundo essa hipótese o universo é uma eterna seqüência de "big bang", expansão, reconcentração, "big crunch" e novo "big bang", cada "big crunch" eliminando a entropia do ciclo que termina, permitindo ao novo "big bang" a criação de um universo integralmente novo.

4

UNIVERSALIDADE E RAZÃO OCIDENTAL

INTRODUÇÃO

Por razão ocidental se entende, usualmente, o tipo de pensamento que se originou na Grécia Clássica, que prosseguiu no mundo helenístico-romano e se desenvolveu, na Cultura Ocidental, da Idade Média a nossos dias. Se é certo que o termo *ocidental*, em senso estrito, se refere especificamente à Cultura Ocidental, diferenciadamente do que se refira aos mundos grego ou romano, não é menos certo o fato de que surgiu com os Jônios dos séculos VII e VI a.C. a idéia do *logos* e que essa idéia, no fundamental, se transferiu à Cultura Ocidental. A razão ocidental, assim, nada mais é do que a continuação do *logos* helênico, embora incorporando inúmeros progressos setoriais, no plano lógico-matemático, de Ramée (1515–1572) a Frege (1848–1925) e Goedel (1906–1978), com seu teorema incompleto de 1931. O termo *universalidade*, por sua vez, diz respeito à qualidade daquilo que é universal. O conceito de universal comporta dois sentidos distintos: ontológico e lógico. Em sentido ontológico, o universal se refere à abrangência, por um determinado gênero, de todas as espécies ou modalidades pertinentes àquele gênero. Na sua acepção mais ampla, esse gênero é o próprio Universo, ou seja, o conjunto dos corpos astrais ou, mais genericamente, a totalidade do que exista no espaço-tempo.

Em sentido mais restrito, como quando falamos de História Universal, referimo-nos ao conjunto de eventos ocorridos com a espécie humana, a partir do Paleolítico.

Em sua acepção lógica, o universal, mais propriamente empregado no plural, como os universais, são as idéias genéricas: homem, animal, pedra. Todos os homens estão contidos na idéia de homem, todos os animais e todas as pedras nas idéias, respectivamente, de animal e de pedra.

Desde Platão, com sua teoria das idéias, entendidas como substâncias incorpóreas e da crítica que lhe fez Aristóteles, entendendo as idéias como abstrações mentais, se constituiu a controvérsia que marcaria o pensamento medieval até o século XIII, denominada *controvérsia dos universais.*

Três principais concepções disputaram entre si a explicação dos universais: a realista, a nominalista e a conceitualista. Os realistas, segundo Platão, entendiam os universais como substâncias incorpóreas, como tal apreendidas pelo entendimento. Figuram entre os realistas João Escoto Erigeno (810–877), Sto. Anselmo (1033–1109), Guilherme de Champeaux (1070–1121). A eles se opuseram os nominalistas, que concebiam os universais como simples termos genéricos ou meras palavras (*flatus voci*). Entre estes figuram Roselino de Campiegne (1050–1120) e, com influência conceitualista, Guilherme de Ockham (1300–1347) na continuidade de uma linha já sustentada por Boecio (480–524) e Marciano Capella (fins de IV e início de V d.C.).

Essa controvérsia foi superada por Pedro Abelardo (1079–1143) que sustentou o entendimento dos universais que seria adotado a partir da Alta Escolástica, denominado de conceitualista. Mostrou Abelardo que a palavra (*vox*) é um conjunto de sons que só adquire sentido tornando-se um predicado (*sermon*) mediante o pensamento conceitual (*conceptus*). O universal é o predicado conceitual.

Sem dar maior desenvolvimento ao aspecto lógico da questão mencione-se, apenas, que para Kant, como nos mostra nos *Prolegômenos a Qualquer Futura Metafísica,* a universalidade necessária de uma proposição depende de sua validade objetiva.

Considerado em termos ontológicos, podem conceber-se diversos universos, desde o Universo, propriamente dito, até universos dos quatro reinos (mineral, vegetal, animal e humano) e, no tocante ao humano, suas duas principais vertentes, a antropológica e a histórica. Nesta sucinta discussão da universalidade, a partir da razão ocidental, proceder-se-á a uma breve análise dos universos cósmico, antropológico e histórico.

Universo cósmico

O entendimento humano do cosmos percorreu um longo curso evolutivo que vai das concepções geocêntricas da Grécia à revolução heliocêntrica de Nicolau Copérnico (1473–1543), passando pelo universo de Newton e Laplace até o universo de Einstein e Gamow.

A cosmologia contemporânea distingue o universo total, quer exista um único universo, quer sejam vários, do universo visível e, portanto, cognoscível, que é aquele cuja luz pode chegar até nós. Este, como tive a ocasião de indicar em meu recente livro *O Posto do Homem no Cosmos*, tem um horizonte de mais de 30 bilhões de anos-luz. Compreende cerca de dez bilhões de galáxias, cada qual com cerca de cem bilhões de estrelas. Esse universo tem a densidade de 10^{-11} g/cm^3, sendo extremamente vazio. Tem uma extensão de cerca de 10^{26}m e uma massa de aproximadamente 10^{53}kg. O universo compreende o conjunto de unidades subatômicas, atômicas e moleculares que compõem o complexo matéria-energia, comandado por quatro forças fundamentais: gravitacional, eletromagnética, força nuclear fraca e força nuclear forte.

O universo está submetido a três principais constantes: (1) a velocidade da luz no vácuo, de 300.000 km/s; (2) a constante de Hubble e (3) a constante de Einstein, em sua forma modificada. A velocidade da luz é constante, independentemente da velocidade da fonte emissora. Essa velocidade constitui o limite máximo de qualquer velocidade possível no cosmos. A constante de Hubble, designada pela letra H, é a razão entre a velocidade V com a qual duas galáxias aumentam a distância D entre elas. Exprime-se pela equação $H = \frac{V}{D}$. Estima-se que seja de cerca de 73 kms/Mpc.

Mpc é a abreviatura de megaparse, 1 Mpc correspondendo a cerca de 3 milhões de anos-luz.

A constante cosmológica sofreu várias interpretações desde que foi introduzida por Einstein, que com ela explicava porque os astros não se precipitam uns sobre os outros. Com a descobertas de Hubble, constatando que o universo se encontra em acelerada expansão, Einstein cancelou a hipótese de sua constante. Observou-se, entretanto, que a expansão do universo requer, adicionalmente, a existência de uma força repulsiva, que se considera ser a energia escura.

A constatação dessa energia e outras observações conduziram ao reconhecimento de que é insignificante a proporção de matéria normal não luminosa no universo. A composição deste, atualmente, apresenta o seguinte quadro:

COMPONENTES DO UNIVERSO	
Energia escura	71%
Matéria escura	23%
Matéria não luminosa	3%
Matéria luminosa	0,995%
Radiação	0,005%
TOTAL	100%

Como surgiu o universo? É hoje amplamente consensual a hipótese do "big bang" formulada por George Gamow, em fins dos anos 1940. Segundo essa hipótese, há cerca de 13,7 bilhões de anos uma explosão primordial lançou no espaço o universo que hoje observamos, embora sob a forma inicial de uma grande radiação. A expansão procedente da explosão foi fortemente acelerada, segundo Alan Guth, por um inicial processo de inflação, duplicando o universo em cada 10^{-33} seg., o que teria causado uma expansão da ordem de 3×10^{41}.

A questão que se apresenta, com a teoria do "big bang", é a de como e porque se deu essa explosão. Dizer-se que somente a partir dela passaram a existir espaço e tempo deixa em branco como, a partir do nada, teria ocorrido o "big bang". Entre as várias hipóteses aventadas a esse respeito a que parece mais consistente é a teoria cíclica de Archibald Wheeler, de 1953 e de Andrei Linde. Segundo essa teoria, o universo consiste num eterno processo de explosão, expansão e reconcentração, conduzindo a um "big crunch", a que se segue um novo "big bang", cada "big crunch" eliminando a entropia do ciclo anterior. Volta-se, assim, à visão de Demócrito, do século V a.C.

Universo antropológico

O universo antropológico é o universo do homem no tempo e no espaço. Como tive a oportunidade de indicar em escritos anteriores (*Um Estudo Crítico da História*, 2 vols., Paz e Terra, 2001 e *O Posto do Homem no Cosmos,* "a evolução humana se iniciou há cerca de quatro milhões de anos, com os australopitecos. A partir desse elo intermediário entre o homem e os primatas antropóides emergem, sucessivamente, quatro espécies: *Homo Habilis,* há cerca de dois milhões de anos, *Homo Erectus,* há cerca de um milhão de anos, *Homem de Neandertal,* há cerca de 200 mil anos e, finalmente, o homem moderno, o *Homem de Cro-Magnon,* há cerca de 70 mil anos" (*O Posto do Homem no Cosmos,* pp. 95-96).

O processo de hominização tem origem remota, como mostrou Yves Coppens,[2] "num grande acidente geológico ocorrido há cerca de 8 milhões de anos, quando uma imensa falha, estendendo-se de norte a sul por milhares de quilômetros, separou uma larga faixa da África Oriental do restante do continente.

---

2. Yves Coppens, *Pré-ambules*, Paris, Poches Edile Jacob, 2001, p. 172.

Essa separação alterou profundamente o regime das chuvas, que continuou o mesmo na parte ocidental da África, mas se tornou muito menos freqüente na faixa oriental. Como conseqüência dessa redução pluviométrica, a floresta da região oriental foi desaparecendo, sendo substituída por uma grande savana. Ambas as partes eram habitadas por primatas antropóides. Os que habitavam a região ocidental continuaram sua vida arbórea. Os da faixa oriental tiveram de se adaptar, gradualmente, às condições da savana, na qual a sobrevivência da espécie dependia de uma posição ereta, que permitia uma ampla visão panorâmica, necessária para evitar predadores e localizar alimentos. O bipetalismo, por sua vez, acarretou conseqüências extremamente importantes: aumento do cérebro, liberação dos braços e das mãos para fins utilitários, ampliação da condição onívora. Iniciou-se, assim, o processo de hominização" (*O Posto do Homem nos Cosmos*, p. 97).

A partir do enclave originário, numa restrita região da África Oriental, ao sul do Mar Vermelho, a evolução humana conduz, no tempo, às sucessivas macro-etapas do Paleolítico, do Neolítico, da Idade do Bronze, com a concomitante revolução urbana e emergência das grandes culturas antigas, até a idade do ferro. No espaço, desde o *Homo Erectus*, as fronteiras territoriais do homem são extremamente alargadas, no curso de um longo tempo, vindo a abranger o conjunto dos continentes. Essa diversificação geoclimática acarretará, por adaptação, a formação das diversas raças humanas, a partir da pigmentação negra do homem originário. Conduzirá, igualmente, no âmbito de cada uma das macro-etapas, a uma enorme diversificação cultural.

Até fins do século XIV a humanidade se encontrava geoculturalmente dispersa, compreendendo os grandes blocos formados pela África, Europa, Ásia, Oceania e Américas. As rotas marítimas contornando a África e conduzindo, com Vasco da Gama, à Índia, por um lado e, por outro, conduzindo à América do Norte, com Colombo e à do Sul, com Cabral, levaram, com a Revolução Mercantil dos séculos XVI a XVIII, a uma primeira unificação do mundo. Dessa época data uma primeira diferenciação do nível mundial de renda, favorecendo os povos engajados na navegação e no comércio de longo curso como, inicialmente, os ibéricos e, sucessivamente, franceses, ingleses e holandeses, em detrimento dos asiáticos.

A segunda grande onda de globalização ocorre, a partir da Inglaterra, com a Revolução Industrial, de fins do século XVIII até o século XX. Se a Revolução Mercantil duplicou o nível de renda dos povos que a empreenderam, comparativamente ao nível de renda das grandes civilizações asiáticas, a Revolução

Industrial introduziu uma diferenciação de mais de dez vezes entre os países industrializados e os que permaneceram agrários. Dela data a marcante diferenciação entre os povos centrais e os periféricos. Essa diferenciação acusará um gigantesco crescimento exponencial com a Revolução Tecnológica do século XX.

Essas sucessivas etapas tecnológicas conduziram, presentemente, a uma profunda diferenciação do nível social, econômico e cultural da humanidade, que se encontra distribuída por quatro grandes grupos: (1) o dos povos desenvolvidos, incluindo europeus, norte-americanos, membros da Comunidade Britânica, japoneses e, incipientemente, chineses; (2) o dos subdesenvolvidos, incluindo os do sudeste da Ásia, da América Latina, da Índia e da África do Sul; (3) os retardatários, incluindo a maior parte dos africanos e (4) os primitivos, incluindo tribos remanescentes em diversas partes do mundo.

A insuficiente diferenciação entre natureza humana e condição humana tem conduzido diversos pensadores, como ocorre, notadamente, com os existencialistas, à tese de que o homem não tem natureza, mas apenas um projeto de homem, como afirmam, entre outros, Ortega e Sartre. Na verdade o homem, como ocorre com todas as espécies, tem uma natureza fixa e permanente, que se reproduz hereditariamente desde o Homem de Cro-Magnon. O que varia enormemente é a condição humana, ou seja, as diversas modalidades segundo as quais o homem se relacione com o mundo, com os outros homens e consigo mesmo.

Como o indica *Breve Ensaio sobre o Homem*, são diversas as modalidades segundo as quais se realiza a condição humana. Assim, no que se refere ao relacionamento do homem com o mundo, importa distinguir dois grandes grupos, conforme o homem se conceba como objeto do mundo (civilizações cosmológicas) ou veja o mundo como objeto (civilizações racionais). No que se refere ao relacionamento do homem com os outros homens, é necessário diferenciar o relacionamento familístico, do social e do histórico. No que se refere ao relacionamento do homem consigo mesmo, diferenciam-se as culturas sem nítida autoconsciência, como as cosmológicas, das dotadas de autoconsciência, como a helênica.

O processo de globalização conduz a uma crescente homogeneização da condição humana, tendendo a gerar o homem planetário. A muito longo prazo (se a história vier a permiti-lo à espécie humana) as novas condições de vida da sociedade tecnológica de massas tenderão a exercer influências adaptativas sobre a natureza humana, da mesma forma como ocorreu, multisecularmente, no curso do processo de hominização.

A prazo incomparavelmente mais curto o homem se defronta com duas grandes restrições a seu corrente modo de vida. Uma, relativamente à civilização tecnológica, consiste na impossibilidade de se generalizar, para todos os povos, por restrições de ordem física, os elevadíssimos níveis de consumo das sociedades altamente desenvolvidas. Outra, todavia mais grave, consiste na inviabilidade de sustentação, até fins deste século, dos presentes padrões da civilização industrial por esgotamento de diversos minerais raros requeridos pelos presentes processos produtivos.[3] Sem decisivas inovações tecnológicas, hoje ainda não concebidas, que conduzam à substituição de materiais relativamente escassos e não renováveis por outros materiais ou processos, a civilização industrial atual se defrontará, no último terço deste século, com sua inviabilização.

Universo histórico

O mundo se encontra, na primeira década do século XXI, ante uma alternativa básica: a de se consolidar, num Império Universal, a presente supremacia dos Estados Unidos ou, diversamente, a de se constituir, a partir da consolidação do desenvolvimento chinês, uma nova bipolaridade mundial.

Preponderam as indicações a favor da segunda hipótese. Os Estados Unidos, notadamente sob a direção de Bush, mas por razões que de muito a ultrapassam, não logram formular um projeto internacional atrativo para os demais países do mundo e suscitam, decorrentemente, forte resistência nas áreas de suas "províncias". A China, por seu lado, embora não oferecendo ao mundo nenhuma alternativa de sentido universal ao predomínio americano, dispõe de elevada auto-sustentabilidade e de espantosa capacidade de desenvolvimento, mantendo, nos últimos trinta anos, taxas de crescimento anual da ordem de 10%, o que já a tornou a terceira mais importante economia do mundo e tende, a não longo prazo a constituí-la como a primeira. A principal diferença entre China e EUA consiste no fato de que a convalidação da preponderância internacional deste depende da validade internacional de seu projeto, o que não tende a ocorrer, enquanto, no caso da China, sua projeção internacional depende apenas de sua auto-sustentabilidade doméstica e internacional, que dá indicações de perduração. Estritamente falando, a China não é uma alternativa internacional para os EUA e sim para sua consolidação como Império Mundial.

---

3.   Petróleo, urânio, molibdeno, tungstênio, cobalto, cobre, chumbo e zinco.

A presumível consolidação do poder chinês conduzirá o mundo a nova e perigosa bipolaridade, como ocorreu no período de confrontação americano-soviético. A nova bipolarização poderá, eventualmente, assumir características de um antagonismo ocidental-asiático. Isso tenderia a gerar uma longa situação de impasse, pela insusceptibilidade de o modelo asiático assumir características de validade internacional. Se, entretanto, como parece mais provável, o efeito da bipolaridade sino-americana for o de uma significativa neutralização do poder e da influência internacionais dos EUA, os resultados dessa nova bipolarização, não obstante os riscos a ela inerentes, tenderão a abrir espaço para novas influências internacionais, a partir da Europa e da América Latina. Uma bipolaridade estratégica entre China e EUA tenderá a conduzir o mundo a uma fértil multipolaridade cultural e econômica.

Não se pode subestimar, entretanto, os gravíssimos riscos contidos na formação de uma nova bipolaridade estratégica, quando o nível de letalidade de que tenderão a dispor as duas superpotências será exponencialmente incomparável àquele que caracterizava o bipolarismo americano-soviético. É de se levar em conta, sem embargo, no que se refira ao emprego deliberado dessa superletalidade, o mesmo efeito mutuamente restritivo que ocorreu na passada Guerra Fria. O grande risco futuro, como ocorreu no passado, é o de circunstâncias imprevistas desencadearem, indeliberadamente, a hecatombe nuclear.

Admitida a hipótese, racionalmente mais provável, de uma recíproca deterrência no provável caso de que venha a se formar uma nova bipolaridade mundial, o cenário resultante tenderá a ser, por um lado, o da formação, por longo prazo, de uma paz vigiada, no âmbito da qual, gradualmente, diversas modalidades de convivência suspicaz se irão formando, tendendo a crescentes formas institucionais. Se a hecatombe for evitada, ou bem uma das superpotências termina, no longo prazo, se sobrepondo à outra, ou bem o mundo se encaminhará para formas crescentemente institucionalizadas de uma *Pax Universalis*, como previa Kant em fins do século XVIII.

O grande problema que se apresenta, no âmbito dessa provável nova bipolaridade é, por outro lado, o do tipo de sociedade que em ambos os pólos venha a se formar. Sem dar a essa relevante questão um mais amplo tratamento mencione-se, apenas, o fato de que o hiperconsumismo da sociedade contemporânea não é sustentável a longo prazo. A sustentabilidade de uma sociedade depende de um elevado grau de internalização de valores compatíveis com formas civilizadas de convívio. Tal situação não ocorre com o hiperconsumismo atual. O que poderá vir a corrigir esse hiperconsumismo intransitivo? É improvável que seja um retorno às religiões tradicionais. Entre outras hipóteses, a que parece mais viável é a emergência de um novo humanismo, socialmente orientado e ecologicamente consciente. Esse novo humanismo está na consciência dos grandes pensadores contemporâneos, de Karl Jaspers e Cassirer a Habermas. Tenderá o projeto de um novo humanismo a se tornar a força mobilizadora da futura sociedade? Sob essa ou outras modalidades, a questão de um novo substrato transcendental de sustentação da sociedade é algo de que esta depende, tanto quanto da futura formação de uma *Pax Universalis*.

5

ATEÍSMO TRANSCENDENTE

INTRODUÇÃO

Ateísmo consiste em negar a existência de Deus. É usual distinguir-se um ateísmo teórico, de caráter filosófico, de um ateísmo prático, consistente em se ignorar, correntemente, a existência de Deus. Este breve estudo se situa no âmbito do ateísmo filosófico. Sua denominação, algo inusitada, de "ateísmo transcendente", decorre do fato de que a afirmação da inexistência de Deus, nele adotada, é concomitante com a sustentação da condição transcendente do homem. Entende-se, neste estudo, que a suposição da existência de um Deus transcendente emergiu da necessidade, por parte do homem, como ser transcendente, de atribuir tal qualificação à imagem que se construiu de Deus.

O ateísmo teórico é uma posição historicamente recente, que só se manifestará plenamente a partir da Ilustração. Os filósofos gregos, com exceção de Carneades de Cyrene (214–129 a.C.), mantiveram sua crença nos deuses, incluídos os atomistas, ou tiveram, mais raramente, uma visão monoteísta da divindade como supremo Bem, de Platão, ou Primeiro Motor de Aristóteles.

Na seqüência moderna das posições atéias cabe mencionar, particularmente, Thomas Hobbes (1588–1670), Paul Henri, barão de Holbach (1725–1770), Julien Offray de la Mettrie (1709–1751), até o século XVIII. No século XIX avultam, Augusto Comte (1798–1857), Karl Marx (1818–1883), Ernest Haeckel (1881–1919) e Freiderich Nietzsche (1844–1900). No século XX, Bertrand Russell (1872–1970).

Provas da existência de Deus

Desde a Antigüidade têm sido propostas diversas provas da existência de Deus. Foi sobretudo na Idade Média que se articularam os melhores argumentos a esse respeito. Tive a oportunidade, em meu livro *Brasil, Homem e Mundo – Reflexão na Virada do Século* (Rio de Janeiro, Topbooks, 2000) de discutir amplamente as principais provas da existência de Deus, de pp. 89 a 98.

Remetendo os leitores interessados a esse livro limitar-me-ei, neste sucinto estudo, a uma breve indicação das características dessas provas. Reduzem-se as mesmas a três distintas modalidades: (1) argumentos *a priori*, com as provas ontológicas de Sto. Anselmo, (2) argumentos *a posteriori*, de Sto. Tomás e (3) manifestações empíricas da divindade, em milagres, aparições e experiências místicas.

Os argumentos de Sto. Anselmo, contidos em seu livro *Proslogion* (1078) consistem, no fundamental, em sustentar que se a idéia do ser mais perfeito e mais absoluto que poderemos conceber não contiver a afirmação de sua existência, esta não seria a maior idéia possível desse ente porque a que a contivesse o seria. Daí se segue a necessidade, *a priori* de, concebendo-se Deus, se reconhecer sua existência.

Esse argumento já foi contestado por Sto. Tomás e mais tarde, entre outros, por David Hume. A contestação consiste em mostrar que a afirmação de existência de um ente não é uma predicação analítica e sim sintética, baseada em dados da experiência.

Os argumentos de Sto. Tomás são *a posteriori*. Dois deles, os da segunda e terceira vias, são de caráter apodítico. Os outros, de caráter contingente. Entre os argumentos *apodíticos* figuram o da necessária primeira causa e o do fator não contingente. O primeiro argumento mostra que, uma vez que tudo no mundo é causado por algo, é necessário que a série de causalidade tenha uma primeira causa, que é Deus. O argumento da contingência mostra que, uma vez que tudo o que existe na natureza é contingente e dependendo de algo para existir, é necessário admitir-se, no princípio da seqüência de contingentes, um ser necessário, Deus.

Os argumentos não apodíticos se fundam na teleologia do mundo, na ordem moral e na experiência religiosa. O encadeamento finalístico que se observa no mundo não pode decorrer do mero acaso, pela infinidade e precisão dos processos finalísticos existentes (boca para comer, olhos para ver, pernas para andar), mas somente de um projeto finalístico superior, procedente de Deus. A ordem moral, disciplinando os atos naturais do homem, não pode ser também natural e sim de procedência divina. Enfim, as múltiplas experiências da presença de Deus, por milagres, aparições e experiências místicas mostram, empiricamente, a existência de Deus.

Sem entabular uma discussão pormenorizada dos argumentos de Sto. Tomás observe-se apenas que, salvo os de referências empíricas, todos dependem de uma concepção do mundo como algo que foi criado a partir do nada. Se o mundo sempre existiu, como entre outras teorias, sustenta a teoria cíclica de Wheeler e Linde, o mundo é necessariamente causa de si mesmo e, na medida em que existe, necessário. Por outro lado, o finalismo do mundo é uma extrapolação humana. Não se criaram planejadamente pernas para andar, mas se anda porque se tem pernas.

No que se refere a milagres, aparições e experiências místicas, a questão em jogo é a inexistência de provas empíricas do alegado. Essa deficiência é decisiva no caso dos milagres. Com efeito, se devidamente comprovados, os milagres seriam uma irrecusável evidência empírica de um poder sobrenatural. Há que observar, entretanto, em relação aos milagres, que a maior parte dos relatados se refere a eventos antigos, ocorridos em culturas e situações habitadas pela crença no sobrenatural. Essa mesma crença no sobrenatural. ocorre com relação às aparições relativamente recentes da Virgem, em Lourdes ou em Fátima, sempre testemunhadas por crianças pastoras, profundamente convictas da existência da Virgem como mãe do Cristo.

É relevante, por outro lado, constatar que os milagres mais recentes, alguns confirmados por documentação médica, se referem todos à cura de moléstias psicossomáticas, como certas formas de cegueira, surdez, mudez e paralisia. Nenhum milagre medicamente documentado se refere à criação de um dedo ou de uma perna, por pessoas que os tivessem perdidos. Todos os milagres psicossomáticos são explicáveis pelos poderosos efeitos somáticos decorrentes de um profundo impacto psicológico.

O autor destas linhas, quando adolescente, teve a oportunidade de presenciar um desses fenômenos, na igreja de Sta. Maria Margarida, na Lagoa, Rio de Janeiro. Uma senhora entrevada foi levada, em cadeira de rodas, à presença de um padre famoso por seus dons milagrosos. A igreja estava absolutamente repleta. O sacerdote, paramentado, iniciou sua intervenção com uma declaração de que nenhum homem, por santo que seja, faz milagres ou pode induzir Deus a que os faça. Somente Deus, em suas infinitas bondade e onisciência pode fazer milagres, quando assim o entenda. Então aquele padre convidou os presentes a acompanhá-lo numa fervorosa prece. Em seguida, com estupenda audácia, dirigiu-se para a paralítica e com voz forte ordenou: irmã, levanta-te e anda! Nesse momento a senhora entrevada levantou-se titubeante da cadeira e, em passos também titubeantes, se aproximou do sacerdote e beijou-lhe a mão. É simplesmente indescritível a emoção que se apoderou de todos os presentes e de que até hoje, transcorridos mais de cinqüenta anos, guardo indelével memória. Algo de absolutamente extraordinário acabara de acontecer. Não conheço o que posteriormente ocorreu com aquela senhora, embora receie que, passado o excepcional impacto daquela voz "levanta-te e anda", tenham se feito sentir, novamente, os impedimentos que a entrevavam.

Algo de equivalente cabe observar com relação às iluminações místicas do divino. Como separar o fenômeno psicológico do transe místico das supostas revelações por ele trazidas?

As considerações precedentes invalidam o valor probante dos argumentos a favor da existência de Deus. Isso não obstante, poder-se-á continuar crendo na existência de Deus? A questão que se apresenta – que conduz muitos a uma mera posição de agnosticismo – é a de que a falta de provas da existência de Deus não prova sua inexistência. Poder-se-á validamente afirmar que a existência de Deus é empírica ou analiticamente impossível?

Impossibilidade empírica de Deus

A existência de Deus, entendido como o ser supremo, criador do céu e da terra, dotado de infinita bondade, onipotência e onisciência, que julgará os homens, *post mortem*, pelos atos que tenham praticado, premiando os justos e punindo os maus, é um ideal que tem sido proclamado por muitas culturas. Deus é o objetivo ideal supremo de todos os homens de bem. O autor destas linhas se permite, modéstia à parte, considerar-se um homem de bem e, nessa qualidade, legítimo candidato às benesses divinas. É lamentável, assim, que não somente a existência de Deus não possa ser provada mas que, principalmente, sua inexistência decorra de irrecusáveis razões sintéticas e analíticas.

Por que, em termos de juízos sintéticos *a posteriori* pode-se afirmar que Deus não existe? As razões para tal podem ser reduzidas a dois grupos, as de caráter psicoantropológico e as de caráter cosmológico. No plano psicoantropológico a razão básica consiste, para o homem, no fato de que são irremediavelmente improcedentes as expectativas de uma vida *post mortem*, baseadas na concepção de que o homem se componha de duas substâncias, uma perecível, o corpo, outra imortal, a alma, Sócrates foi o primeiro a formular essa concepção dualista do homem e Platão a ela deu pleno desenvolvimento. É essa alma imortal que, segundo as crenças na existência de Deus, seria premiada ou punida, *post mortem*, conforme seu comportamento na vida. A convicção na imortalidade da alma se baseou na presunção de que os atos intelectivo-volitivos do homem não podem ser explicados sem apelo a uma substância espiritual, a alma, necessariamente imortal, alma essa que determinaria a liberdade humana. A discutida existência da alma encontrou sua irretorquível contestação, por um lado, na biologia molecular e, por outro na psicologia experimental.

A biologia molecular, com efeito, mostrou como determinadas macromoléculas protéicas são capazes, por um lado, de autoduplicação e, por outro, susceptíveis de produzirem formas embrionárias de um código genético. O acoplamento, há cerca de 3,5 bilhões de anos, de moléculas autoduplicáveis com as que formavam um código genético embrionário gerou protobactérias, das quais depende toda a evolução biológica, que vem até o homem.

Por outro lado, a psicologia experimental demonstrou, irretorquivelmente, a medida em que processos fisiológicos se convertem em psicológicos e estes em atos racional-volitivos. É o sistema nervoso central do homem, comandado pelo cérebro, que determina todas as operações "espirituais" do homem. Lesões cerebrais em sítios específicos causam decorrentes limitações da atividade intelectual-volitiva. Alma é o sistema nervoso central, comandado pelo cérebro.

No plano cosmológico a criação do mundo a partir do nada, já validamente contestada pelos atomistas gregos, encontrou com a cosmologia contemporânea uma explicação irrecusável. O atual universo surgiu, há cerca de 13,7 bilhões de anos, por um "big bang" originador de tudo o que existe no espaço-tempo. Essa explosão primordial, geradora, por um lado, do espaço e do tempo e, por outro, do sistema radiação–matéria que compõe o universo, experimentou o efeito inicial, segundo Alan Guth, de um forte processo inflacionário, que nos primeiros 10^{-36} segundos da existência do universo levou à duplicações de seu tamanho em cada 10^{-34} segundo, conduzindo a uma expansão de ordem de 3 x 10^{43}. A essas forças originárias se adiciona a "energia escura", que representa 71% da totalidade do que existe no cosmos e que exerce forte força repulsiva, a que se deve a contínua acelerada expansão do universo.

Como se produziu, a partir de um universo que ainda não existia, o "big bang" original? Essa questão tem recebido diversas hipóteses explicativas, a mais consistente das quais é a teoria cíclica de Archibald Wheeler, da universidade de Princeton e de Andrei Linde da Universidade de Stanford. Segundo essa teoria o universo consiste num eterno processo de "big bang", expansão, reconcentração e "big crunch", no qual se extingue o ciclo anterior e sua respectiva entropia, dando origem a um novo "big bang". Nesse universo eterno cada ciclo, embora mantendo a mesma massa de energia–matéria do ciclo anterior, apresenta propriedades específicas decorrentes da forma, nunca estritamente idêntica, pela qual se produz cada novo "big bang". Encontramo-nos, há cerca de 13,7 bilhões de anos no último desses eternos ciclos, que deverá perdurar por algo como 15 bilhões de anos, a que se seguirá mais um novo ciclo. Esse universo eterno, em seus sucessivos ciclos, é auto-sustentável e, sempre tendo existido, não teve nenhum criador.

Impossibilidade analítica de Deus

Uma apropriada análise dos conceitos de "alma" e de "Deus" conduz à verificação de que seus presumidos atributos são analiticamente incompatíveis entre si ou com as funções que lhes são atribuídas.

A incompatibilidade entre o conceito de uma alma espiritual e as funções que se lhe atribuem já fora detectada pelos gregos, com exceção de Platão. Com efeito, o problema que se apresenta, para o conceito platônico-cristão de uma alma espiritual e incorpórea é o de como um ente incorpóreo possa atuar sobre um ente corpóreo, como o corpo. Admitindo-se a possibilidade de que o pensamento possa ser produzido por um ente incorpóreo (o que é contestável), como explicar seu relacionamento com um corpo, do qual o pensamento recebe os dados da sensibilidade que lhe permitem a abstração de idéias e de como, uma vez formuladas as idéias, estas possam ser comunicadas ao corpo para que proceda à fala ou à prática de atos decorrentes de tais idéias? Como pode um ente incorpóreo efetuar ou receber comunicações corpóreas?

Foi ante a manifesta impossibilidade de se conceber um ponto de junção entre o incorpóreo e o corpóreo, o inextenso e o extenso que, com exceções como a de Platão, a cultura grega sempre concebeu a alma, *psyché*, como algo de corpóreo. Para a maioria dos pensadores gregos, *psyché* era equivalente a um sopro quente, que se realimentava pela respiração do ar e neste se dissolvia, ao expirar. Para os atomistas, a alma se compunha, como todos os corpos, de átomos, apenas mais finos que os do corpo. A tese de que a alma é uma substância incorpórea é analiticamente incompatível com os atributos que lhe são conferidos.

O que se passa com Deus? Desde logo, as concepções de Deus como, por um lado, um espírito imaterial eterno, onipotente e onisciente, se depara, para a tese de que tenha criado o mundo, com dificuldades semelhantes às que inviabilizam um relacionamento operacional entre a alma humana, como ser incorpóreo e o corpo. No caso de Deus, entretanto, poder-se-ia alegar que estaria no âmbito de sua onipotência, dentro de condições insusceptíveis de descrição, atuar operacionalmente, embora sendo um ente inextenso, sobre a matéria extensa. Implícita, nessa possibilidade, está a aceitação de que, no âmbito de sua onipotência, Deus se automaterializa para, a partir de sua automaterialização, criar o mundo.

Os atributos conferidos a Deus, ademais da incomunicabilidade entre o imaterial inextenso e o material extenso, precedentemente referida, contém outras contradições analíticas. Três dessas contradições merecem particular atenção. Dizem respeito, por um lado, à contradição entre a atemporalidade própria à eternidade e a temporalidade da criação do mundo. Por outro lado, dizem respeito à contradição entre a condição de um ser absoluto e sua atuação em algo que não seja sua própria autocontemplação. Finalmente, dizem respeito à contradição, por parte de um ser onisciente e infinitamente bondoso, em criar, arbitrariamente, criaturas humanas destinadas, todas, a inevitáveis sofrimentos na vida, inclusive à morte e, muitas, à condenação eterna.

Ao criar o mundo Deus se temporaliza, em contradição com a atemporalidade de sua eternidade, porque surge uma diferença entre o momento que precedeu a criação do mundo e aquele em que esta se deu. Passa a haver um tempo de Deus antes da criação do mundo e outro depois.

A segunda contradição se refere ao fato de que um ser absoluto só pode atuar se autocontemplando. Criar um mundo contingente é uma contradição com a condição do ser absoluto. A criação contingente do mundo equivale, para Deus, a fabricar um brinquedo para se divertir, o que é incompatível com sua condição absoluta.

Finalmente, criar homens, por uma decisão contingente, contrária à natureza absoluta de Deus é também, por outro lado, algo de contrário à onisciente bondade divina, porque consiste em, arbitrariamente, gerar seres para o sofrimento, ainda que posteriormente premiado e seres alguns dos quais – de que Deus tem ciência prévia – irão, embora por conta própria, cair em danação eterna.

Os atributos de Deus são analiticamente incompatíveis com a criação do mundo e do homem. Por que ocorre essa incompatibilidade? Porque, como muito bem disse Fuerbach, Deus é uma criação do homem, na sua contínua busca de absoluto. Não podendo assumir a condição absoluta, o homem inventou um ser absoluto, Deus, a quem atribuiu, em nível absoluto, as melhores qualidades do homem. Ocorre, apenas, que as superiores qualidades do homem, como entendimento, bondade, poder de fazer coisas, levadas a um nível absoluto, se tornam reciprocamente incompatíveis, como resultou patente nas considerações precedentes.

O até agora exposto evidencia, por um lado, a improcedência das provas da existência de Deus. Por outro lado, o que mais importa, mostra como os atributos conferidos a Deus são reciprocamente incompatíveis. Deus é empírica e analiticamente impossível. Essa conclusão, na radicalidade em que está aqui exposta, é algo de terrível, como, entre outros, foi observado por Dostoevsky. Segundo este, se Deus não existisse tudo seria permitido ao homem. Será procedente essa alegação?

Éticas

É copiosa, desde a Antigüidade, a proposta de éticas. A partir do intelectualismo de Sócrates, do idealismo de Platão, do equilibrado realismo de Aristóteles, das éticas estóica e epicurea e da teoria do prazer de Aristipo, o pensamento ocidental formulou algumas grandes propostas éticas. Se considerarmos o conjunto dessas propostas, de Sto. Tomás a Bertrand Russell, observaremos, por um lado, que se destacam, no que tange aos objetivos, duas principais concepções: as éticas do Bem e as Hedonistas.

Há um acordo geral entre quase todos os filósofos: o homem busca sua felicidade e a ética, como disciplina, consiste no estudo daquilo em que consista a felicidade, *eudaimonia* helênica e de como se a alcança. Para Aristóteles e, de um modo geral, os filósofos que entendem a felicidade como algo que decorre da busca e da prática do Bem, a felicidade é um estado que se alcança praticando as virtudes. O mundo clássico enumerava quatro principais virtudes: Prudência, Temperança, Fortaleza e Justiça. A estas o Cristianismo agregou Fé, Esperança e Caridade.

Aristipo de Cirene (435–350 a.C.) e, com ele, as éticas hedonistas, com importantes variações que vão do hedonismo quietista de Epicuro ao utilitarista de Bentham, consideraram que a felicidade consiste numa racional e portanto equilibrada usufruição do prazer e supressão, na medida do possível, de todas as modalidades de sofrimento. O prazer, entendido racionalmente, não é apenas o prazer físico, mas inclui todas as suas modalidades psicológicas e espirituais, que vão do prazer estético ao desfrute da amizade e, segundo Epicuro, à ausência do sofrimento.

Vista a questão ética por outro ângulo, o que entra em jogo são os regimes a que está submetida a busca da felicidade. Historicamente, três regimes se apresentaram como necessários ou apropriados para esse efeito (1) o principista, (2) o religioso e (3) o da livre opção.

Para o pensamento grego e para os que por ele foram influenciados, no curso da história, a obtenção da felicidade decorre da adoção dos convenientes princípios. Esses princípios, segundo Aristóteles, consistem no prudente uso da liberdade racional, encaminhando a vida no sentido de conjugar, concomitantemente com um satisfatório atendimento, dentro do possível, das demandas psicofísicas, a prática das virtudes básicas.

O regime religioso, introduzido pelas religiões monoteístas, prescreve o estrito cumprimento dos mandamentos divinos, tal como competentemente revelados por Moisés, por Cristo, ou por Maomé. A ética religiosa só secundariamente é finalística. No fundamental, é uma ética de conformidade da conduta com os mandamentos divinos.

O regime da livre opção ignora mandamentos divinos e, por outro lado, desconsidera princípios racional-sociais de determinação da conduta. O regime de livre opção parte da inexistência de Deus e da descartabilidade, em função do interesse próprio, de considerações racional-sociais. A cada um o que, segundo suas possibilidades, lhe pareça conveniente. Não há outro princípio que o do interesse pessoal.

Dostoevsky, precedentemente citado, supunha que se Deus não existisse, o único regime concebível para o homem seria o da livre opção, o de cada um fazer o que lhe interessar. A prática histórica não confirma Dostoevsky. Independentemente de quaisquer prescrições religiosas as éticas hedonistas nunca foram predominantes, nem no mundo clássico – no qual a religião não era prescritivista – nem nos mundos Ocidental, Islâmico, Indiano, Japonês ou Chinês. Cabe considerar, entretanto, dentro de uma visão distinta das coisas, o que contemporaneamente ocorre nas sociedades hiperconsumistas. Nestas não subsiste nenhum prescritivismo religioso e quase nada do principismo clássico. Como se comporta o homem na superconsumista sociedade contemporânea de massas?

A questão apresenta dois distintos aspectos, o descritivo e o normativo. No plano descritivo, o hiperconsumismo conduz a uma desinibida ética hedonista, predominantemente sensorial, apenas limitada por razões de prudência pessoal e social. Evitar prazeres psicofisicamente perigosos (droga) ou criminalmente penalizados, valendo, quanto a este último aspecto, o emprego de formas eficazes de escamoteamento.

Considerando o outro aspecto da matéria, a questão que se apresenta, de caráter normativo, é a de em que medida um desinibido hedonismo, medica e socialmente prudente, conduza seus praticantes à felicidade? É a esse respeito que intervém a questão da transcendência humana.

Valores e transcendência

O hiperconsumismo intransitivo, que se manifesta nos setores afluentes da sociedade ocidental mas, em maior ou menor escala, contamina as demais sociedades contemporâneas, não tem longa viabilidade social e constitui algo de profundamente frustrante para as pessoas que o praticam. Observe-se, ademais que esse hiperconsumismo, por restrições de ordem física, não é generalizável para o conjunto do mundo.

O que importa considerar é que se é certo que todas as sociedades necessitam de normas públicas regulatórias, não é menos certo que a viabilidade de uma sociedade depende da medida em que valores com ela compatíveis sejam satisfatoriamente internalizados por seus membros. Nenhuma sociedade pode subsistir se suas regras de conduta forem puramente públicas. Ao contrário, sociedades predominantemente dependentes de valores internalizados por seus membros ostentam a maior vitalidade.

Se se proceder, em qualquer período histórico, à comparação entre sociedades exitosas e sociedades fracassadas, observar-se-á que aquelas são sociedades que apresentam elevado nível de internalização de valores socialmente convenientes. Assim ocorreu com as cidades-estado exitosas na Grécia, como Esparta, Atenas ou Tebas, com Roma, até o século III d.C., com a Espanha dos séculos XVI a meados do XVII, e novamente na segunda metade do século XX, com a França de Richelieu e, recentemente, com De Gaulle, a Grã Bretanha do século XIX e com Churchil, os EUA da Independência à Abolição e, recentemente com Franklin Roosevelt e Kennedy.

Se nas sociedades contemporâneas de hiperconsumismo intransitivo não se formarem, no curso dos próximos decênios, suficientes setores dotados de valores socialmente convenientes, seu acelerado declínio se tornará inevitável, ainda quando se trate de uma superpotência, como os EUA.

No caso das pessoas, individualmente, o consumismo intransitivo é uma embriaguez que não consegue ocultar o oco da própria existência nem logra enfrentar os inevitáveis momentos trágicos da vida, culminando com a morte. Esse oco da vida não resulta da falta de convicções religiosas – embora estas, apesar da não-existência de Deus, sejam um grande paliativo – nem de nenhuma outra causa que não seja a irrelevância última do puro consumismo. Por que isto ocorre?

Tive a oportunidade, em escritos precedentes, como *O Posto do Homem no Cosmos*, de abordar a questão da transcendência. Religiões como o Cristianismo conduziram à confusão entre o divino e o transcendente. Na verdade, o fenômeno da transcendência independe da existência de Deus e, mesmo, da eventual relevância do mundo. Em última instância tudo é irrelevante, a longo prazo. A humanidade desaparecerá bem antes do fim da Terra e esta bem antes do colapso do atual ciclo cósmico. No curto prazo da vida humana, entretanto, o que é irrelevante é a irrelevância última das coisas.

O homem é um animal transcendente. A transcendência, em sua forma primária, é um processo imanente ao cosmos, nele constituindo aquilo que denominei de *transimanência*. A transcendência consiste no fenômeno em virtude do qual, ocorrendo, relativamente a um ente ou a um ato, um regime de equilíbrio homeostático dos fatores que o condicionam, esse ente ou ato se eleva a um patamar superior de complexidade. É em virtude dessa transcendência primária que macromoléculas autoduplicantes se convertem em células vivas, que processos fisiológicos se convertem em psicológicos e estes em atos racional-volitivos.

No homem, suas condições racional-volitivas lhe proporcionam uma forma superior de transcendência, transcendência transcendental ou pura, que constitui sua liberdade. É ante essa transcendência que se define o significado da vida. Esta pode ser irrelevante, como no caso do consumismo intransitivo, ou significativa, conforme, ademais de outras condições, esteja orientada para a realização de valores superiores, de caráter ético, cultural ou social. Independentemente da irrelevância última do mundo, a relevância da vida de cada pessoa se constitui, para ela mesma – e tendencialmente para sociedade – pela medida em que transcenda seu nível puramente psicofísico e se eleve à realização de valores transcendentais.

A inexistência de Deus, em última análise, não exerce decisiva influência sobre o significado da vida humana. O que tem influência é o exercício, pelo homem, de sua transcendência, imprimindo à sua vida – tanto a partir de convicções religiosas como do ateísmo – correspondente significação. O que é relevante, no exercício da transcendência humana, é que sua significação, para cada pessoa, independe, em ampla medida, da relevância objetiva dos atos transcendentes que pratique e sim da medida em que tais atos resultem de um deliberado propósito de transcendência. O bem obrar de um trabalhador braçal, independentemente de maior remuneração ou de fiscalização externa, mas por simples deliberação de bem obrar, é um ato de transcendência que, sem prejuízo de outras referências, confere sentido a sua vida.

São os atos superiores de transcendência, como indicou Max Scheler (*Le Saint, le Génie, Le Héros*, tr. fr., Paris, Egloff, 1944), com relação ao *herói*, o *gênio* e o *santo*, que elevam a condição humana ao nível do divino. Divino Alexandre, divino Beethoven, divina Madre Teresa de Calcutá.

6

O IRRELEVANTE E O SIGNIFICATIVO

Em última análise, tudo é irrelevante. Deus não existe. O Homem não tem uma alma imortal. O mundo em que vivemos é um dos eternos ciclos do cosmos, inaugurado por uma explosão configurativa do que atualmente existe, ocorrida há cerca de 13,7 bilhões de anos, que será seguida por um *"big crunch"* dentro de alguns bilhões de anos, eliminador da entropia do ciclo que termina, seguindo-se-lhe novo *"big bang"*, num processo sem fim e, o que é mais importante, sem nenhuma finalidade. O mundo é um eterno sistema conseqüencialista, destituído de qualquer propósito. Dentro desse macrociclo ocorrem ciclos menores, como o relacionado com o sistema solar, que teve começo mais recente e terá fim mais recente, no âmbito do qual se desenvolve o ciclo da Terra e o miniciclo da espécie humana.

Do ponto de vista cósmico, a vida e a morte de um homem e as de um inseto são igualmente irrelevantes. Isso não obstante, o que é irrelevante, no curto prazo do ciclo humano, é essa irrelevância última das coisas. Dentro de um mundo destituído de sentido, a vida, eventualmente ocorrida no planeta Terra – e provavelmente em inúmeros outros planetas extra-solares –, é finalística em si mesma e gerou, também provavelmente em outros sistemas estelares, um ser teleológico que é o homem.

Independentemente da falta geral de sentido do cosmos, a vida do homem tem o sentido que este lhe der. Conforme esse princípio, inerente à condição humana, em função do qual o que é irrelevante é a irrelevância geral das coisas, a vida do homem tem para ele necessariamente sentido e, conforme as opções que assuma, no curtíssimo prazo de sua efêmera existência, será, aí sim, irrelevante ou significativa.

Nesse mundo destituído de sentido, ocorreu a uma determinada espécie de primatas, a humana, o fato de haver evolutivamente adquirido, em virtude do desenvolvimento de facultades racional-volitivas, uma liberdade que transcende seu sistema psicofísico.

Todos os animais, dentro de seu respectivo nicho vital, seguem as tendências decorrentes de seu sistema psicofísico. No caso do homem, sua liberdade racional-volitiva lhe permite opções que transcendem seu repertório instintivo e possibilitam escolhas que se referem a valores transcendentais de ordem ética, social e cultural. Ao homem é dada a possibilidade de perseguir tais valores ou, diversamente, de se restringir a seu repertório psicofísico. A transcendência humana é uma facultade possibilística, não determinativa.

Dispõe assim o homem da possibilidade de imprimir um sentido transcendente a sua vida ou, diversamente, de ter uma vida insignificante, restrita ao atendimento de suas necessidades psicofísicas. Cosmicamente, o que o homem faça ou deixe de fazer é igualmente irrelevante. Relevância é algo que se restringe ao espaço humano.

A dimensão da transcendência dentro do espaço humano é extremamente ampla e comporta muitos níveis de significatividade, dos mais simples aos mais sublimes. Há formas elementares – mas não humanamente irrelevantes – de transcendência, consistentes, simplesmente, no obrar bem, no exercer corretamente as funções que socialmente incumbam a um indivíduo. Ser um homem de bem é, humanamente, um exercício de transcendência. No extremo do caso, há níveis sublimes de transcendência humana, como salientou Max Scheler, ao falar do santo, do herói e do gênio.

O próprio da condição humana é esse contraste entre a irrelevância geral e última do mundo e a relevância que o homem pode dar a sua vida. A relevância da vida humana se exerce de forma puramente subjetiva. É uma relevância auto-assumida, que pode, como tal, alcançar o nível do sublime e pode, eventualmente, ultrapassar o plano puramente individual e se tornar uma relevância social ou histórica. Há, entretanto, homens extraordinários que, por diversas razões, não logram reconhecimento social, e há, diversamente, pessoas de modesta significação que, não obstante, obtêm amplo reconhecimento público, como freqüentemente ocorre no domínio da política.

O reconhecimento social é, sem dúvida, um importante aspecto da relevância humana. É o que acontece com pessoas que logram o reconhecimento de sua santidade, de seu heroísmo ou de seu gênio. Esse reconhecimento tende a ocorrer para os homens que alcançam níveis sublimes de qualificação, como São Francisco, Epaminondas ou Leonardo da Vinci.

São, entretanto, mais numerosos do que usualmente se pensa os homens excepcionais que não logram nenhum reconhecimento público. Se é certo, sem dúvida, que tal reconhecimento é extremamente reconfortante para os homens de alta qualidade, não é menos verdade que a significação da vida, para cada homem individualmente, depende do grau de transcendência que efetivamente haja alcançado, independentemente do reconhecimento público. A transcendência é válida por si mesma. Seu reconhecimento público diz respeito a uma dimensão conexa, mas separada, que é a da fama.

7

SUCINTAS REFLEXÕES SOBRE O CRISTIANISMO

1. INTRODUÇÃO

O Cristianismo é uma das mais inacreditáveis ocorrências da História. A partir de um conjunto de premissas teológica e filosoficamente absurdas emergiram essa extraordinária religião, que é o Cristianismo e essa extraordinária civilização, que é a Ocidental. Como foi isso possível?

Para os fins deste sucinto ensaio deixar-se-á de considerar essa importante preliminar que é a da existência ou não existência de Deus. Minhas idéias a esse respeito foram expostas, entre outros escritos, no 5º capítulo de meu livro *Brasil, Homem e Mundo* (Rio, Topbooks, 2000) e, neste livro, no estudo "Ateísmo Transcendente".

O que importa, para este breve estudo, é evidenciar o absurdo contido nas premissas teológico-filosóficas do Cristianismo. Esse absurdo se refere, em primeiro lugar, ao conceito da Santíssima Trindade. Em segundo lugar, ao Cristo, tanto no que concerne a sua natureza como no que diz respeito à missão que lhe é atribuída. Esses absurdos já foram detectados, desde o século II d.C., por diversas alternativas aos dogmas relacionados à Trindade e ao Cristo, condenadas como heréticas pela Igreja.[4] Entre essas heresias, avultam, na denegação das três pessoas da Trindade, o Arianismo, o Macedonismo, o Monarquismo e o Sabelismo. No tocante à não divindade de Cristo, o Adocionismo, o Apolinarianismo, o Decetismo, o Monofisismo e o Nestorianismo.

---

4. Cf. Marcello Craveri, *L 'Eresia*, Milano, Arnaldo Mondatori, 1996; vide também Jean Danieleou, *L 'Eglise des Premiers Temps*, Paris, Ed. du Seuil (1963), 1985.

É desnecessário, para o fim em vista, dar maior elaboração à inaceitabilidade racional do princípio de Santíssima Trindade, pelo qual se afirma a existência, em um só e único Deus, de três pessoas distintas. Igual inaceitabilidade racional se manifesta na cristologia, atribuindo a Jesus dupla natureza, divina e humana, irrespectivamente do fato de que os atributos daquela sejam incompatíveis com os desta.

O que é extraordinário, entretanto, é o fato de que, a partir desse conjunto de premissas tenham emergido o Cristianismo e essa magnífica civilização que é a Ocidental.

É interessante observar que as três outras religiões monoteístas, a Persa, de Zaratustra, a Judaica, de Moisés e a Muçulmana, de Maomé, não contêm inerentemente premissas absurdas. Ahura Mazda, o Deus zoroastriano, criou o céu e a terra por sua onipotência e gerou dois espíritos, Ormazd e Ahriman, do bem e do mal, para proporcionar ao arbítrio humano opções concretas. Jeová, emergindo, com Moisés, de precedentes concepções imanentistas, como o deus da montanha, El, surge como espírito puro, criador do céu e da terra. Da mesma forma o Deus de Maomé, Alá, é um espírito puro, onipotente, onisciente e infinitamente bom.

O único elemento de absurdo que as três outras grandes religiões monoteístas compartem com o Cristianismo, consiste em atribuir a seu respectivo Deus características de onipotência, onisciência e infinita bondade, que seriam incompatíveis com a decisão de criar o mundo. Como poderia um ser com essas características criar, gratuitamente, um ser contingente como o mundo, quando, por sua natureza absoluta, estaria necessariamente se auto-contemplando? O mundo, para Deus, resulta ser um brinquedo e Deus não pode brincar, ou seja, distrair-se de si mesmo. Por outro lado, sendo onisciente, Deus saberia que, ao criar o mundo, estaria criando um âmbito de sofrimento e de morte e, para muitos, de eterna danação, algo incompatível com sua bondade absoluta.

2. ASPECTO HISTÓRICO

O Cristianismo, distintamente do que ocorreu com as três outras grandes religiões monoteístas, não é uma religião imediatamente revelada. É uma religião que se foi gradualmente formando, no curso do primeiro século d.C. Jesus jamais se declarou Filho de Deus e sim Filho do Homem, nem se apresentou como instituindo uma religião e sim uma prática ética. A única vez, de acordo com os Evangelhos, em que sua divindade entra em jogo é quando Pilatos lhe pergunta: "tu és Deus?" A resposta de Jesus, "tu o disseste", não assume sua divindade, mas desloca para Pilatos essa afirmação.

Diversamente, todas as declarações de Jesus, na sua pregação ou no Calvário, notadamente suas queixas finais de abandono,[5] são no sentido de se considerar um mensageiro humano de Deus cuja mensagem ele, como profeta, buscava transmitir em suas pregações e seus atos. Foi a partir da Ressurreição que Pedro e os apóstolos se convenceram de que Jesus era Filho de Deus. A Ressurreição, todavia, relativamente a uma pessoa como Jesus, cuja realidade histórica é extremamente tênue e só recentemente está recebendo alguns esclarecimentos,[6] não tem nenhum elemento de comprovação, como não o poderia ter. A Ressurreição decorreu da vontade de nela acreditar, por parte de Pedro e dos apóstolos, que não haviam tido a coragem de defender Jesus e disso profundamente se arrependeram.[7]

É extremamente interessante se acompanhar a gradual formação do Cristianismo como religião. Reconhecidamente, o passo decisivo foi tomado por São Paulo, cuja conversão, que constituiu o ápice de um fenômeno psicológico sobre o qual não se dispõe de dados, levou um homem de gênio e de excelente formação cultural a construir a doutrina da nova religião, a partir de sua convicção pessoal na efetividade da Ressurreição e a impô-la aos ainda judaizantes apóstolos. Com São Paulo surge o Cristianismo como nova proposta religiosa.

A nova religião se desenvolve como uma seita que a ela incorpora, sobretudo, judeus helenizados. A análise do Cristianismo primitivo é uma tarefa extremamente complexa, que só recentemente está adquirindo satisfatório nível de "scholarship".[8] Ela requer, entre outras exigências, o estudo da patrística inicial, de São Jerônimo a Sto. Agostinho. Ela exige uma análise psicossociocultural do Cristianismo primitivo e de como, ante uma cultura romana permeável a todas as religiões e absolutamente tolerante com a outra grande religião monoteísta, o Judaísmo, o Cristianismo veio a ser discriminado. Não pode haver

---

5. Cf. Mateus, *26 – 38*, 39, 42, Marcos *14 – 20*, Lucas *22 - 42*.
6. Cf. John Dominic Crossan, *The Historical Jesus*, Nova York, Harper (1991), 1992.
7. Cf. a respeito Thomas Sheehan, *The First Coming*, Nova York, Dosser Press (1965), 1990.
8. Cf. R. Bultmann, *Le Christianisme Primitif* trad. do alemão, Paris, Petite Bibliotheque Payot, 1969, e Michel Meslin e Jean – Rémy Palanque, orgs., *Le Christianisme Antique*, Paris, Armand Colin, 1967, Henri – Iréné Marrou, *L'Eglise de L'Antiquité Tardive*, Ed. du Seuil, (1963), 1985, Pierre Geoltrain, org. *Aux Origines du Christianisme*, Paris, Gallimard, 2000.

nenhuma dúvida, a esse respeito, de que a perseguição aos cristãos não teve o menor caráter religioso nem se dirigiu a suas convicções teológico-filosóficas, mas unicamente à prática do repúdio do culto cívico dos imperadores, o que representava, na época, o equivalente a uma traição à ordem romana. Os cristãos primitivos foram, politicamente, o equivalente dos fundamentalistas muçulmanos do mundo atual vistos pelos ocidentais e, como estes, suspeitos de atos anti-sociais.

Impressiona, por outro lado, o heroísmo dos mártires cristãos – assemelháveis, politicamente, aos homens-bomba muçulmanos de hoje – fato esse que demonstra a profunda convicção daqueles cristãos, como a dos muçulmanos hoje em dia. Para se compreender esse fenômeno é necessário um aprofundado entendimento das condições psicossocioculturais da Antigüidade Tardia. A característica mais saliente dessa Antigüidade, com o desaparecimento da pólis e descrédito do paganismo tradicional, era a busca de salvação individual, seja através das crenças e cultos órficos e do neoplatonismo, seja através de religiões orientais, como a judaica, a egípcia e a persa.

O Cristianismo, helenizado por São Paulo e pelos grandes Padres da Igreja, oferecia ao mundo greco-romano um repertório de condições salvacionistas mais ajustado a essa cultura que as crenças orientais e mais concreto que a filosofia neoplatônica. Foi a helenização do Cristianismo que lhe conferiu crescente aceitabilidade. E foi o heroísmo dos mártires que imprimiu à nova religião uma aura de seriedade e, para muitos, um sinal divino.

O momento decisivo para a vigência do Cristianismo, como religião, foi sua adoção por Constantino (edito de Milão de 313), equivalente a lhe conferir a condição de religião do Império.[9] O Cristianismo era então uma crença com numerosos adeptos, que havia transcendido as características do Cristianismo primitivo e contava com ampla adesão nas classes médias do Império e mesmo com algumas pessoas da classe senatorial. Constituía, entretanto, uma seita, comparável às que difundiam crenças orientais. Que teria ocorrido ao Cristianismo, sem sua conversão em religião de Estado? Como todas as especulações ucronistas, esta comporta diversas possibilidades. O que importa considerar a esse respeito, entretanto, é o reverso da questão. O que teria ocorrido ao Império se não adotasse o Cristianismo? Tudo indica que a opção de Constantino pelo

---

9. A formal instituição do Cristianismo como única religião do Império só ocorreu com o edito de 380 d.C. de Theodósio I o Grande (ca. 347-395).

Cristianismo, iniciada em 312, quando de sua vitória contra Maxencio em Roma, na Ponte Milviana, foi um ato de compreensão histórica das necessidades do Império. Da mesma forma como sua opção por Constantinopla, inaugurada em 330, decorreu de seu entendimento de que essa nova capital, por sua posição topográfica e geográfica, asseguraria, devidamente fortificada, uma prática inexpugnabilidade – como o confirmariam os mil subsequentes anos de Bizâncio – assim compreendeu Constantino que o Império necessitava do apoio de uma religião como o Cristianismo para superar suas divergências internas e instilar novo ânimo aos seus defensores, previsão essa que os fatos também confirmaram.

Apesar de se ter convertido numa religião de Estado, em que era preponderante a voz do imperador, o Cristianismo manteve sua estrutura reticular, constituindo um conjunto de unidades dotadas de grande autonomia operacional, as paróquias e os bispados, fato esse que lhe preservou uma elevada autonomia religiosa. Essa circunstância, entre outras características, se revelaria decisiva para a conversão ao Cristianismo dos bárbaros, depois da ocupação do Império.

3. DA SOCIEDADE CRISTÃ À SOCIEDADE OCIDENTAL

Como tive a ocasião de analisar em *Um Estudo Crítico da História* (Cap. 15, Vol. II), a civilização Ocidental não surgiu abruptamente, nem mesmo diretamente, das ruínas do Mundo Antigo e do Império Romano. O que a estes sucedeu, através de múltiplas vicissitudes, foi uma Sociedade Cristã, predominantemente ostrogoda, no antigo centro do Império, visigoda, na Ibéria.

O processo de formação da civilização Ocidental encontra suas origens na expansão dos francos pela Europa e na unificação de seus dois ramos, salianos e ripuanos, por Clóvis. Este, como precedentemente Constantino, compreendeu que a recente unificação dos dois ramos francos requeria uma religião comum para sua estabilidade e continuidade e assim se converteu ao Cristianismo, que já era a religião de sua mulher Clotilde. As vicissitudes do reino Franco foram levadas ao apogeu com Carlos Magno (742-814), que assumiu, depois da morte de seu irmão Carlomano, em 771, o comando único do reino Franco. Contrariando a orientação pró-lombardos de seu falecido irmão, Carlos Magno se aliou ao Papa e infligiu decisiva derrota aos lombardos que atacavam este, depondo seu rei Desidério em 774 e assumindo a coroa da Lombardia. Depois de muitas vicissitudes, Carlos Magno se tornou o grande protetor do papado e o Papa Leão III (795–816) deliberou transferir sua lealdade do Império Bizantino para Carlos Magno e o sagrou Imperador Romano do Ocidente, em 800.

Os sucessores de Carlos Magno não lograram manter a unidade do Império. Seus três netos, filhos de Luís, o Piedoso, dividiram entre si o Império pelo Tratado de Verdun, de 843; Francis Occidentalis ficou com Carlos, o Calvo, Francis Media, que veio a se chamar Lotaringia, com Lotário e Francis Orientalis coube a Luís, o Germânico.

Nessa ocasião, não subsistia mais a unidade da língua franca, que se transformara, no lado ocidental, no princípio de um francês arcaico e, no lado oriental, num alemão arcaico. Esse momento marca o começo da transição da Sociedade Cristã, até então unificada no Império Carolíngio, para o que se tornaria a Sociedade Ocidental.

Fundamental, no processo de formação da Sociedade Ocidental, a partir da subdivisão do Império Carolíngio, foi a interação entre a Igreja, o Feudalismo e as emergentes cidades medievais. A Igreja, através do Papado e dessa coisa extraordinária que foram os monastérios beneditinos, imprimiu a uma sociedade rude e violenta o sentido do dever, cuja expressão mais alta, no mundo feudal, veio a ser a instituição da cavalaria. Através da ação da Igreja uma nobreza turbulenta e arbitrária foi induzida a assumir o papel de cavaleiro, defensor da Igreja e dos pobres, que fazia da honra e da fé sua norma de vida.

Outro fator igualmente importante foi a reurbanização da Europa, a partir do século XI, que resultou, principalmente, do trabalho dos mercadores e, através deles, conduziu à formação de uma burguesia urbana. As emergentes cidades, por sua vez, ensejaram o aparecimento de duas novas grandes instituições: as ordens mendicantes, de Franciscanos e Dominicanos, e as universidades.

A partir desse conjunto de fatores e circunstâncias formou-se a civilização Ocidental, ela se vai gradualmente configurando como uma nova cultura, depois da Sociedade Cristã contida no Império Carolíngio, tendo o Cristianismo como sua crença central e básica, a Igreja, como mentora e, progressivamente, as cidades, em seus respectivos espaços lingüísticos, que ocupam o domínio precedentemente detido pelos senhores feudais, com substituição da autoridade destes, localmente, pelos alcaides e conselhos municipais e, nacionalmente, pelos reis.

4. UMA GRANDE RELIGIÃO

A conversão de um conjunto de crenças, fundadas em premissas absurdas, nessa extraordinária religião que veio a ser o Cristianismo, constitui um fenômeno histórico-cultural extremamente complexo. Os que participam dessa religião a explicam por sua origem divina. Uma abordagem histórico-sociológica desse fenômeno requer que se leve em conta uma multiplicidade de fatores e circunstâncias. Simplificando essa complexa questão, pode-se salientar a relevância de três principais fatores: (1) a imensa e amplíssima demanda, na Antigüidade Tardia, de um princípio de salvação pessoal, (2) a reestruturação dogmática do Cristianismo pela patrística e (3) as circunstâncias externas que favoreceram a religião.

O desaparecimento da pólis, a partir de Alexandre, a formação dos reinos helenísticos e, culminando o processo, a formação do Império Romano, extinguiram, completamente, todo um sistema psíquico-cultural que dava sentido à vida do cidadão helênico e, em seu tempo, do romano, até a crise da República, a partir da segunda metade do século II a.C.

Por seu lado, a filosofia grega, desde alguns Jônios mas, particularmente, com Sócrates e Platão, vinha elaborando uma visão monoteísta do mundo, a partir do dualismo matéria–espírito, acentuada pelo neoplatonismo, tendência essa conducente a uma concepção do homem como consistindo num corpo perecível, habitado por uma alma imortal. Paralelamente, os mistérios órficos, que combinavam ritos secretos com idéias salvacionistas, proporcionavam esperança num destino *post-mortem* do homem.

Essas e outras circunstâncias que caracterizaram a Antigüidade Tardia nela geraram uma profunda e generalizada demanda de salvação pessoal, que nem as modalidades mágicas do paganismo tardio, nem o orfismo, nem as crenças orientais, nem o próprio neoplatonismo, podiam satisfazer. O Cristianismo dava uma completa e satisfatória resposta a essa demanda. Como o Cristo dissera, "eu sou o caminho e a vida". Com o Cristianismo se abria, por um lado, um projeto ético que tornava digna a vida humana, mesmo a dos escravos e, por outro lado, se abria o caminho da salvação pessoal eterna, pela combinação entre o bom obrar e a misericordiosa Graça de Deus.

Um segundo importante fator para que o Cristianismo se convertesse numa grande religião foi sua reestruturação dogmática pelos Padres da Igreja, entre os quais sobressai a figura de Sto. Agostinho. Essa reestruturação consistiu, de modo geral, com ressalva de um reduzido espaço concedido aos mistérios, num enquadramento das crenças cristãs dentro dos requisitos de validade racional postulados pela filosofia grega. Nesse processo, consolidou-se o monoteísmo cristão, com a concentração da devoção religiosa em Jesus Cristo, transferindo-se para um distante pano de fundo as duas outras pessoas da Trindade. Esta ficou relegada para o rarefeito âmbito das especulações teológicas. O efetivo Deus do Cristianismo ficou sendo o Cristo.

Um importante terceiro fator, esse de ordem externa, foi a conversão do Cristianismo em religião do Império, combinadamente com uma estruturação do sacerdócio cristão que permitiu, por um lado, uma grande autonomia operacional às unidades do sistema, as paróquias e sua coordenação episcopal. Por outro lado, através dos concílios e outras modalidades de pronunciamento autoritário do dogma, foi possível preservar a unidade teórica dessa religião e repelir as numerosas heresias que surgiram, a partir do século II.

O Cristianismo, como proposta religiosa, revelou uma força excepcional no curso do tempo, sendo capaz, como nenhuma outra religião, de compatibilizar a preservação de seu núcleo dogmático com uma extraordinária adaptação a cambiantes situações histórico-culturais. Essa grande religião se constituiu, assim, num sistema no âmbito do qual se abriram imensas possibilidades para o exercício da excelência humana. Excelência intelectual, dos Padres da Igreja a Sto. Tomás e inúmeros outros filósofos cristãos, culminando, em nossos dias, com Teillard de Chardin ou, no Brasil, com figuras como o Pe. Fernando Bastos de Ávila e o Pe. Henrique de Lima Vaz. Excelência no exercício das mais altas formas da bondade humana, de São Francisco à Madre Tereza de Calcutá. Excelência de reis sábios e santos, como S. Luís de França, de paladinos como Sto. Inácio, de grandes pontífices, como o Leão I (440–461), Gregório o Grande (590–604) ou, recentemente, Leão XIII, com sua *Rerum Novarum*, João XXIII, o Vaticano II e esse grande estadista que foi João Paulo II.

A análise do êxito do Cristianismo requer uma breve consideração do curso histórico da Igreja. Na sua dupla função, por um lado, de portadora do dogma e dos instrumentos da Graça, que são os sacramentos e, por outro lado, de agência temporal do Cristianismo, a Igreja apresenta, em seu curso, marcantes diferenças conforme as circunstâncias de lugar e tempo. Sem dar a essa amplíssima questão um tratamento mais elaborado, mencionem-se, ademais da incipiente fase da Igreja, da Antigüidade Tardia a princípio da Idade Média, caracterizada pelo relevante papel desempenhado pelas abadias beneditinas, seis importantes fases. A primeira, marcada pelo conflito entre o Império e o Papado, com Frederico II Hohenstaufen (1194–1250) e os Papas Gregório IX (1227–1241) e Inocêncio IV (1243–1254), terminou com a derrota do Imperador mas, também, com uma profunda desmoralização do Papado, que resvalaria, em Avignon, para a tutelagem dos reis da França. Esse evento se revelou decisivo para a história do Ocidente, por ter inviabilizado o monopólio da sociedade pelos poderes secular ou eclesiástico, criando espaço para uma sociedade aberta. Um segundo importante momento da Igreja será o Renascimento no Cinquecento, período no qual os Papas assumem e expandem o legado renascentista de Florença, com Alexandre VI, Julio II e Leão X, ao ponto, entretanto, de se tornarem semipagãos. Um terceiro momento crucial da Igreja será o da Reforma, em ampla medida constituindo uma reação do purismo cristão às extravagâncias papais. Com Lutero (1483–1546) surge uma extraordinária reformulação do Cristianismo, opondo a tese da livre consciência ao autoritarismo eclesiástico, com os princípios de *sola fide* e de *sola scriptura*. O luteranismo formará um ramo paralelo ao da Igreja Católica, que terá a maior influência na Europa germânica e britânica e será o setor do Cristianismo que mais cedo se compatibilizou com a ciência moderna. Merece ainda referência uma quarta fase da Igreja, nos séculos XVII e XVIII, caracterizada pela adesão ao absolutismo monárquico, do qual se converteria em agência legitimadora: Altar e Trono. A fase seguinte, no século XIX, se caracterizará, sobretudo no caso da Igreja Romana, por um antimodernismo obscurantista e anticientífico. Uma sexta fase, em nossos dias, se caracteriza pela abertura da Igreja às demandas do mundo contemporâneo, tanto nos ramos católico como no protestante, conduzindo ao Vaticano II, a João XXIII e a esse grande papa-estadista que foi João Paulo II.

O Cristianismo contemporâneo se encontra repartido entre três grandes ramos: o Ortodoxo, o Protestante e o Católico. O Ortodoxo surgiu de uma disputa de poder entre o Patriarca de Constantinopla e o Bispo de Roma, como Papa, gerando o cisma de 1054. São insignificantes as diferenças dogmáticas. Isso não obstante, foram infrutíferas as várias tentativas, desde a Idade Média, de reunir esses dois ramos. O ramo Ortodoxo se tornou o Cristianismo de Bizâncio. Missionários bizantinos o levaram para a Rússia e assim converteram a essa corrente do Cristianismo os povos eslavos.

O ramo Protestante, nascido da Reforma de Lutero, se subdividiu em numerosas seitas e se tornou predominante nos mundos germânico e britânico e, por decorrência, nos Estados Unidos. O protestantismo britânico apresenta poucas diferenças em relação ao catolicismo, a principal sendo a substituição da autoridade do Papa pela do Rei da Inglaterra, desde Henrique VIII.

O ramo Católico manteve posições importantes no mundo germânico e no sul dos Países Baixos, hoje Bélgica, sendo massivamente predominante em todos os países latinos e tendo significativa presença na África.

A evolução histórica dos três ramos do Cristianismo se caracterizou pela tendência, de parte dos ramos Ortodoxo e Protestante, de adquirir importante sentido político-nacional. A religião Ortodoxa, em Bizâncio, estava intimamente ligada ao patriotismo bizantino e constituía sua principal força motora. Fenômeno equivalente, embora com menor intensidade, ocorreu com o ortodoxismo russo.

O anglicanismo – protestantismo britânico – exerceu papel equivalente até o século XVIII. Modernamente, observa-se uma tendência, no anglicanismo, a se distanciar da coroa e refluir para suas próprias autoridades eclesiásticas. No protestantismo americano, distribuído por numerosas seitas, observa-se crescente influência dos Batistas e de seu ramo Evangélico. Observa-se, igualmente, crescente tendência para uma fusão, de alguma forma equivalente ao que ocorreu em Bizâncio, entre religião e patriotismo.

O catolicismo, predominante nos países latinos, mantém um sentido mais estritamente religioso, mas nele se observa uma crescente preocupação com as questões sociais. Em alguns casos, como na Teologia da Libertação, na América Latina, é significativa a influência do marxismo e uma certa fusão com este. É igualmente importante, no catolicismo, a preocupação humanista, que não se faz sentir, de forma significativa, nos dois outros ramos do Cristianismo.

5. UMA GRANDE CIVILIZAÇÃO

A civilização Ocidental, em seus aspectos mais gerais, é o resultado histórico da fusão de elementos latinos com elementos germânicos. Os elementos latinos foram, por um lado, os povos latinizados por Roma, na Grã-Bretanha, na Gália, na Ibéria e em amplas áreas germânicas. Por outro lado, de forma ainda mais significativa, foi a cultura romana, com seus ingredientes helênicos, que se universalizou na Europa por intermédio da Igreja, com o latim eclesiástico, como língua culta universal, os escritos da Antigüidade preservados pelos monastérios beneditinos e, com estes, o legado humanista.

Sobre esse amplo transfundo importa agregar três importantes fatores, decorrentes, respectivamente, (1) do ideal da cavalaria, (2) da articulação de todas as comunidades européias pela Igreja, através da dupla reticulação dos bispados e das ordens religiosas, beneditinas, inicialmente, a que se adicionam as ordens mendicantes e, finalmente, (3) da formação das cidades e, através destas, no mundo pós-carolíngio, dos mercadores e das universidades.

O mundo germânico, por sua vez, passada a diversidade de povos que ocuparam os territórios do Império Romano, notadamente ostrogodos e visigodos, foi predominantemente representado pelos Francos, que dominaram a ampla área que vai da atual França à atual Alemanha.

Como precedentemente referido, a primeira formação estável que se sucedeu ao Império do Ocidente foi a Sociedade Cristã que veio a ser ordenada pelo Império Carolíngio. É nessa sociedade que se inicia o processo de fusão dos elementos latinos com os germânicos. A conversão da Sociedade Cristã em Sociedade Ocidental constitui um processo multissecular, que vai da dissolução do Império Carolíngio à feudalização da Europa e começa a adquirir as características do que seria a civilização Ocidental a partir do século XI, com a emergência de novas cidades.

Nesse processo e no curso de sua fase inicial, com a feudalização da Europa, a exitosa instituição, pela Igreja, do ideal da cavalaria, exerceria uma influência extremamente relevante. Constituiu, por um lado, a forma pela qual uma turbulenta baixa nobreza, que vivia predatoriamente de esbulhos do campesinato, se converteu numa nobreza de cavaleiros, a serviço de ideais nobres. Ideais esses que se difundiram para os altos estamentos da nobreza, gerando o princípio de que *noblesse oblige*. Por outro lado, os ideais da cavalaria se converteriam, no curso do tempo, nos ideais da *gentlemanship*, que configurariam os padrões de conduta da elite européia.

Fator decisivo, na formação da Sociedade Ocidental e, com ela, da civilização Ocidental, resultou do processo de urbanização, a partir do século XI. Já então se diferenciavam as formas arcaicas das línguas européias. No âmbito dos diversos espaços lingüísticos as cidades, com seus mercadores, seus clérigos e suas universidades, dotadas de maior ou menor autonomia administrativa, mas basicamente independentes do senhor feudal e vinculadas a uma autoridade superior – imperador, rei, conde ou Papa – constituíram uma manifestação do que se poderia designar de particularismo universalista. Eram particularistas por suas características próprias, cada cidade sendo algo além de suas respectivas línguas e conteúdos culturais. Mas eram universalistas pelo Cristianismo e por sua cultura erudita e eclesiástica, que se expressava em latim.

O complexo espaço-língua comum – rede urbana – foi gradualmente gerando os reinos que emergiram do mundo feudal. Reinos que repartiram entre si os grandes idiomas que se vinham formando, do século VII ao XI. Surgiu, assim, a Sociedade Ocidental e sua civilização.

Ultrapassaria as dimensões deste breve ensaio qualquer intento de analisar o desdobramento histórico desse núcleo inicial da civilização Ocidental que se vai configurando a partir do século XI. Mencionem-se, apenas, as grandes fases que serão percorridas por essa civilização, como o Renascimento, a Reforma, a idade do Barroco e a Ilustração do século XVIII. Mencione-se, também, que a partir do século XVII o universalismo típico dessa cultura a conduz a um crescente progresso científico que leva, de Copérnico e Galileu a Newton, deste à química do século XIX, à eletricidade do século XX e à ciência contemporânea.

Mencione-se, finalmente, que com a Primeira Guerra Mundial, a "guerra do Peloponeso da Europa", a fragmentação e o enfraquecimento das potências européias deslocaram para os Estados Unidos o centro dinâmico da civilização Ocidental. Algo que culminaria com a atual situação de os EUA serem a única superpotência e deterem incontrastável supremacia mundial.

6. O OCIDENTE TARDIO

Assim como a historiologia contemporânea identifica como Antigüidade Tardia o período final do mundo clássico, algo que usualmente se entende como se iniciando com Constantino e a cristianização do mundo romano, assim também se deve identificar o Ocidente contemporâneo como Ocidente Tardio.

O que é o Ocidente Tardio? Diria que como tal se deve entender a civilização Ocidental a partir do período em que ela deixou de ser teocêntrica e passou a se fundar em suas concepções científico-tecnológicas. Esse período é algo que se segue à crítica da religião do século XVIII, à emergência do Positivismo, no século XIX e, finalmente, à consolidação de uma nova visão científica do mundo a partir da Primeira Guerra Mundial e, decisivamente, depois da Segunda.

Esse período marca, igualmente, uma ampla e profunda crise do Cristianismo. A explicação do mundo, a partir dos dogmas cristãos, se vai tornando crescentemente incompatível com o conhecimento científico e suas consistentes comprovações empíricas e analíticas. Toda a concepção cristã da gênese do mundo e do homem se torna inconsistente ante a teoria evolucionista e a cosmologia contemporânea. A biologia molecular, por sua vez, comprovando empiricamente a origem puramente molecular da vida e, a partir daí, o contínuo do molecular ao celular e, conjuntamente com a psicologia experimental, do fisiológico ao psicológico e deste à intelecção e à volição, tornou inaceitável o dualismo corpo-alma e inconsistente a idéia de uma substância espiritual.

A tese tomista da estrita compatibilidade entre a fé e a razão se tornou insubsistente. Que ocorre, em tal caso, com as religiões, inclusive a cristã? Os efeitos da "morte de Deus" são extremamente complexos. Desde logo, em termos puramente estatísticos, o número de pessoas que compreende, irrecusavelmente, a insubsistência científica dos dogmas religiosos é extremamente reduzido. Muito amplo, entretanto, é o número daqueles que, por inferências decorrentes da cultura de nosso tempo, se dão conta dessa insubsistência.

Estes, ante tal situação, têm reações diferentes. Alguns entendem que os postulados da fé cristã, para citar o caso dessa religião, são de tal ordem existencialmente necessários que se deve assumir a existência de dois mundos incomunicáveis de verdades, o da ciência e o da religião. Outros, diversamente, renunciam a suas crenças religiosas. Observa-se, todavia, um terceiro posicionamento que tende, estatisticamente, a ser predominante. Esse posicionamento, para alguns, consiste em conservar a religião como código ético, independentemente da existência ou não de Deus e da alma. Para outros, como se observa, predominantemente, nos Estados Unidos, a religião se tornou uma modalidade, ainda que implícita, de patriotismo, do *American way of life* e da afirmação da supremacia mundial dos EUA. Não importa discutir a existência ou não de Deus e a compatibilidade ou não dos dogmas religiosos com a ciência. Deus, no fundo, não está em jogo nessa atitude. O que importa é compreender que a religião – no caso sua versão protestante, notadamente a evangélica – constitui um dos alicerces dos Estados Unidos e como tal deve ser preservada. Ir ao culto, na devida periodicidade, é prestar uma homenagem à bandeira nacional e reafirmar a superioridade internacional americana.

7. PRESERVAÇÃO DA TRANSCENDÊNCIA

Constitui, atualmente, objeto de crescente consenso, a constatação do vazio espiritual em que se encontra o homem contemporâneo, notadamente o ocidental. Nunca, o homem, em toda a história da espécie, dispôs de mais eficazes elementos para atender a suas demandas. Nunca, entretanto, se viu, como atualmente, tão privado de sentido para sua vida. Essa perda de sentido conduz a um consumismo intransitivo, que não constitui, todavia, uma solução viável e válida. Dadas as limitações físicas do planeta, não será possível universalizar os padrões de consumo da sociedade americana, que jamais poderão ser realizados, por limitações de ordem física, independentemente do nível de seu respectivo PIB, por sociedades tão populosas como a chinesa e a indiana, não mencionando as sociedades indigentes do mundo. O consumismo intransitivo constitui uma espécie de embriaguez que não livra o homem dos inevitáveis momentos trágicos da vida e não dá a esta um sentido que ultrapasse o imediato. A conversão da religião em patriotismo e em sentimento de superioridade internacional tampouco dá sentido à vida, como o demonstram o desencantado estado de espírito dos soldados americanos no Iraque ou o das americanas que perderam maridos ou filhos numa guerra autoprovocada pelos EUA.

O homem é um animal transcendente. Esta será, talvez, sua mais específica qualificação. Desde o Paleolítico até a Idade Moderna, a demanda de transcendência do homem foi atendida, ademais de por outras formas, através das múltiplas manifestações de sua religiosidade. Chegado o momento em que as religiões perdem validade, como atender à demanda humana de transcendência?

Essa questão fundamental já encontra um importante início de respostas nas filosofias helenísticas, de Zeno e de Epicuro. A transcendência do homem se realiza através de formas racionais e eqüitativas do exercício da liberdade. O conjunto de formas racionais e eqüitativas do exercício da liberdade encontra, desde a antigüidade, sua expressão no humanismo. Humanismo de Epicuro e de Zeno, de Cícero, de Sêneca, de Lucrécio, de Epicteto, de Marco Aurélio, de Montaigne e de muitos outros importantes representantes das formas superiores do exercício racional e eqüitativo da liberdade. Ocorre, apenas, que nas condições contemporâneas esse humanismo precisa se revestir, por um lado, de um profundo sentido social e não ser apenas, como o humanismo clássico, individualista. Por outro lado, necessita assumir responsabilidade ecológica, se quisermos evitar um suicídio planetário.

Em face da necessidade de um novo humanismo, entendo que o Cristianismo, independentemente de sua dogmática, mas conservando sua ética, constitui um dos melhores pontos de partida para a generalização desse indispensável e urgente neo-humanismo. Agrego, nesse sentido, a extraordinária importância da Igreja católica, do luteranismo e das Igrejas representativas das formas superiores do protestantismo e da Igreja Ortodoxa. Passaram todas essas Igrejas por períodos nefastos, de que a Inquisição e as guerras religiosas da Europa dos séculos XVI e XVII nos dão terríveis testemunhos. Atualmente, no entanto, essas Igrejas têm, com naturais exceções, um desempenho extremamente positivo.

São agências de esperança, de atendimento e consolo do sofrimento humano, de preservação da dignidade dos desvalidos.

Que aqueles que conservam, sinceramente, suas convicções religiosas, as mantenham, enquanto nelas efetivamente acreditarem. A inexistência de Deus não prejudica as qualidades inerentes ao Cristianismo. Entretanto, para aqueles que foram conduzidos à invalidação, por razões científico-filosóficas, dos dogmas religiosos, o Cristianismo constitui, independentemente da existência de Deus e sem prejuízo de outras alternativas, um excelente suporte para um novo humanismo social e ecológico. A longo prazo, considero que o destino histórico do Cristianismo consiste em se transformar nesse neo-humanismo.

BIBLIOGRAFIA

BÍBLIA

Bruce M. Metzger Michael D. Coogan Eds. *The Oxford Companion to the Bible*, Nova York, Oxford Un. Press, 1993.

The Bible Societies, *The New English Bible*, Stonehill Greek, Bible Society, (1961), 1995.

RELIGIÕES DIVERSAS

David Adams Leeming. *The World of Myth*, Nova York, Oxford Un. Press, (1990), 1992.

Gerald L. Berry. *Religions of the World*, Nova York, Barms & Noble (1946), 1962.

Jean Pierre Rose, Ed. *Encyclopédie des Religions*, 2 vols., Paris, Bayond Edit., 1997.

Mircea Eliade & Loan P. Couliano. *World Religions*, San Francisco, Harper, 1991.

Mircea Eliade. *Histoire des Croyances et des Idées Religieuses*, Paris, Payot, 1976, 1980.

CRÍTICA FILOSÓFICA

John Hick, Ed. *The Existence of God*, Nova York, Macmillan, (1964), 1967.

Norman Cohen. *Cosmos, Chaos and the World to Come*, New Haven, Yale Un. Press, 1993.

Walter Kaufmann. *Critique of Religion and Philosophy*, Garden City, Anchor Book (1988), 1964.

HERESIAS

Marcello Craves. *L´Eregie* Milano, Mandatori, 1996.

JESUS

John Dominic Crossan. *The Historical Jesus*, San Francisco, Harper, (1991), 1992.

Thomas Sheehan. *The First Coming*, Nova York, Dorset Press, (1986), 1990.

HISTÓRIA DO CRISTIANISMO

Charles GUIGNEBERT. *El Cristianismo Medieval y Moderno*, México, FCE, Breviario 1957.

Christopher DAWSON. *The Historic Reality of Christian Culture*, Nova York, Harper, Torchbooks (1960), 1965.

Henri-Irinée MARROU. *L´Eglise de l´Antiquité Tardive*, Paris, Ed. du Seuil, 1963.

Jacques BERLIOZ. Ed. *Le Pays Cathare*, Paris, Ed. du Seuil, 2000.

Jean DANIÉLOU. *L´Eglise des Premiers Temps*, Paris, Edit. du Seuil (1969), (1985).

Jean LACOUTRE. *Jésuites*, 2 vls., Paris, Ed. du Seuil, 1991.

Michel Meslin Jean-Rémy PALANQUE. Ed. *Le Christianisme Antique*, Paris, Armand Colin, 1967.

Paul TILLICH. *Histoire de la Pensée Chrétienne*, Paris, Payot, 1979.

Pierre GEOLTRAIN. Ed. *Aux Origines du Christianisme*, Paris, Gallimard, 2000.

R. BULTMANN. *Le Christianisme Primitif*, Paris, Payot, 1969.

REFLEXÕES TEÓRICAS

BOÈCE. *Consolation de la Philosophie*, Paris, Rivages, 1989.

Nicolau DE CUSA. *A Douta Ignorância* Porto Alegre, Edipicurs, 2002.

Thomas D´AQUIN. *La Controverse sur l´Éternité du Monde*, Paris, Flammarion, 2004.

8

PROPOSTAS HELENÍSTICAS
E DEMANDAS CONTEMPORÂNEAS

1. A ERA HELENÍSTICA

Considera-se que o período histórico denominado helenístico inclui os séculos que vão da morte de Alexandre, em 312 a.C. à conquista do Egito ptolomaico por Octaviano, em 30 a.C., compreendendo o amplo território que se estende da bacia do Mediterrâneo ao rio Indus. Nele se incluíam os reinos Macedônio, Seleucida e Ptolomaico do Egito e, marginalmente, a Báctria. A esse sentido estrito da era helenística convém agregar, por um lado, com anterioridade, o período final da Grécia clássica, a partir da batalha de Queronea, de 338 a.C. e decorrente dominação macedônica da Hélade. Com posteridade, importa reconhecer o caráter helenístico de que se revestiu a cultura romana, a partir do ciclo dos Scipiões, em torno de Scipião Emileano (185/4–129 a.C.), até Marco Aurélio (121–180). A cultura bizantina, a despeito de sua especificidade, também acusa características helenísticas, tanto nos seus enciclopedismos filológico e geo-historiográfico, como em seus intentos tecnológicos.

Como brevemente se indicará, há características no mundo contemporâneo que manifestam marcantes traços do que se poderia designar como neohelenísticos. A Europa Ocidental de após Primeira Guerra e, notadamente, de após Segunda Guerra, apresenta significativas analogias com a Hélade dos séculos III a I a.C. e os EUA significativas analogias com a Roma daquele período. Em ambos os casos uma tradição cultural clássica transmite seu legado a um mundo em que a predominância política se transladou para outro centro, a Roma antiga e os EUA contemporâneos, dentro de condições que transferem a ênfase da preocupação intelectual da especulação metafísica para a ético-pragmática e científica.

O homem clássico era o cidadão da pólis. A ela devia sua educação e seus valores, seu compromisso cívico e o ambiente psíquico-cultural em que se movia e de que se nutria sua personalidade. A partir da conquista macedônica e, marcadamente, do Império de Alexandre e dos reinos helenísticos que o sucederam, o homem grego perdeu seu sistema de referências e seu contorno psíquico-cultural. Tornou-se um indivíduo isolado no mundo, desamparadamente inserido na multitudinária população dos reinos helenísticos, sob a direção autoritária de reis sucessores dos generais de Alexandre. Sua sobrevivência psíquico-cultural passou a depender da medida em que lograsse, por conta própria, encontrar um novo sentido para sua vida. Foi nessas condições que emergiram as duas principais propostas de vida formuladas pelo mundo helenístico: o epicurismo e o estoicismo.

Ambas têm em comum o propósito de assegurar a *eudaimonia*, a tranqüilidade do espírito, para além do turbilhão psíquico-cultural de sociedades de massas, tão opostas à serenidade das diminutas sociedades dos precedentes estados-cidade. Os Deuses olímpicos perderam credibilidade, substituídos, em parte, pelo culto dos mistérios e filosoficamente por uma idéia platônica do Bem ou neoplatônica do Único. A *eudaimonia*, a tranqüilidade do espírito, passou a depender da atitude de cada pessoa diante da vida. Para esse efeito duas vias se abriram para o homem helenístico, a do epicurismo e a do estoicismo.

Epicuro (341–270) propôs uma ética de desapego do mundo, fundada num modo de vida que evitasse o sofrimento, tanto físico, mediante um regime comedido de vida, como psíquico-espiritual, mediante uma concepção atomística do mundo, que livrasse os homens do falso terror dos deuses e os encaminhasse para uma vida afastada do turbilhão público, vivida em regime de amizade. Diversamente da concepção popular do epicurismo, que o confunde com o hedonismo de Aristipo (n. em 435 a.C.), o prazer recomendado por Epicuro não é sensual mas espiritual e consiste em evitar o sofrimento decorrente da privação de objetos do desejo, prazer esse assegurado por uma vida de moderação e de tranqüilo desfrute da amizade. O epicurismo é uma filosofia da moderação, um filo-humanismo e um companheirismo.

A *eudaimonia* recomendada pelo estoicismo de Zenon de Citio (fal. em 264/3) consiste em viver de acordo com a natureza. Esta, diversamente do atomismo epicurista, é concebida como um grande todo orgânico e com alma, dotado de razão, em virtude da qual se movem, em termos perfeitos, os corpos celestes e os ciclos naturais. O ideal estóico é pessoalmente de extrema severidade de costumes e requer a permanente soberania da razão e o domínio, por esta, de todos os sentimentos e comportamentos humanos. Opostamente ao isolamento das multidões, mediante uma reclusa vida em fraternidades amigas, o estoicismo recomenda ativa participação na vida pública, orientada por um forte sentimento do dever para com o bem comum e um entendimento cosmopolita da sociedade humana.

Ambas essas propostas alcançaram ampla difusão na era helenística, sobressaindo, entretanto, a proposta estóica, que conheceu, depois do período fundacional, de Zeno, Cleanthes e Crisipo, uma fase intermediária, no século II a.C. com Panécio de Rodes (180–111/09) e Posidônio (c.135–51). Essa fase intermediária influenciou o pensamento romano, gerando-se uma terceira e grande fase, com Sêneca (4–60), Epicteto (c. 50–120) e Marco Aurélio (121–180).

Tanto o epicurismo como o estoicismo tiveram longa continuidade, do mundo antigo ao Renascimento e deste a nossos dias. O grande continuador antigo do epicurismo foi o genial poeta-filósofo Lucrécio (99–55 a.C.), cujo extraordinário poema *De Rerum Natura* constitui, até nossos dias, a melhor exposição das idéias atômicas e éticas de Epicuro.

No Renascimento Lorenzo Valla (1407–1457), com seu *De voluptata* (1431), Francisco Guicciardini (1483–1540) e Pierre Gassendi (1592–1655), com *Syntagma Philosophiae Epicuri* (1659), sustentam posições epicuristas. O estoicismo, de seu lado, é representado, entre outros, por Tolesio (1508–1588), Cardone (1501–1576), Juan Luiz Vives (1492–1440) e, numa perspectiva cético-pessimista, Montaigne (1533–1592).

De fins do século XIX a nossos dias novas posições, a partir do neokantismo, indo da fenomenologia ao existencialismo ou ao positivismo lógico, atraíram o pensamento filosófico, substituindo a ontologia clássica por concepções baseadas na física contemporânea, gerando novas éticas, de inspiração comportamentalista ou social. Isto não obstante, cabe reconhecer, no pensamento de diversos filósofos atuais, importantes marcas procedentes das escolas helenísticas. Assim, por exemplo, há significativas notas de estoicismo na filosofia de Karl Jaspers e algo de Epicuro em Max Scheler e Ortega.

2. ERA CONTEMPORÂNEA

O mundo contemporâneo, como precedentemente mencionado, manifesta importantes analogias com o mundo helenístico. Observa-se, em nossos dias, à semelhança do ocorrido no ecúmeno dos séculos III a I a.C., uma polarização entre os centros remanescentes da alta cultura, no caso a Ocidental, situados na Europa e o novo centro econômica, política e militarmente predominante, os Estados Unidos da América. Oriundos dos *Pilgrim Fathers*, em suas origens coloniais e profundamente influenciados, no século XVIII, pela Ilustração francesa e inglesa, sob a égide da qual realizaram sua independência, os EUA são portadores da cultura européia, como Roma o foi da helênica. Não importa, para os fins deste estudo, discutir a medida em que a helenização da cultura romana tenha sido mais profunda e estável que a influência européia, notadamente em sua expressão ilustrada, na cultura americana.

O que efetivamente importa considerar são os dois aspectos mais relevantes no que há de análogo entre as eras helenística e contemporânea. O primeiro desses aspectos já foi referido e consiste no fato de que, tanto no caso romano como no americano, ocorreu uma polarização entre o centro matricial da cultura, Grécia, num caso, Europa, no outro, e o centro que se tornou predominante, Roma, na Antigüidade, os EUA, contemporaneamente. O segundo desses aspectos consiste no fato de que, em ambos os casos, produziu-se um isolamento do homem relativamente a seu contorno psíquico-cultural. O desaparecimento da pólis privou o homem antigo de sua referência básica e de seu ambiente psíquico-cultural. A morte de Deus anunciada por Nietzsche e a secularização do cristianismo, com a substituição do teocentrismo da Cultura Ocidental por um novo sistema de referência, de caráter científico-tecnológico, erodiu as convicções básicas do homem moderno e o deixou privado de fundamentos e de projetos transcendentes.

Sem embargo de outras importantes influências, como o ceticismo de Pirro (360–270) ou, mais tardiamente, o neoplatonismo de Plotino (205–270) e Porfírio (282–304), foram as propostas epicurista e estóica que proporcionaram ao homem helenístico um novo sentido de vida. No que se refere ao homem ocidental contemporâneo este encontrou, na primeira metade do século XX, uma importante motivação dada pelas idéias de Karl Marx, ou na forma que lhe conferiu a Terceira Internacional, ou na forma mitigada proposta por Bernstein, que resultou no projeto socialdemocrata. Fascismo e Nazismo, embora em termos irremediavelmente prejudicados por seus ingredientes autoritaristas ou racistas, também despertaram, ainda que equivocadamente, importantes motivações. Os hediondos desmandos praticados pelo nazifascismo e pelo comunismo soviético, combinadamente com os efeitos da Segunda Guerra Mundial, destruíram a validade dessas ideologias. Subsistiu, em nossos dias, uma vaga ideologia democrática, que se revela conveniente para a legitimação do poder político, mas que não constitui um fundamento de vida.

Desamparado de motivações transcendentes e de fundamentos sérios para sua orientação na vida o homem ocidental contemporâneo se encontra à deriva e busca, na embriaguez de um consumismo intransitivo, ocultar o oco de sua existência. O puro consumismo, entretanto, nem pode, por incontornáveis restrições de ordem física, ser generalizado para todo o mundo, nem proporciona, para as minorias que a ele têm acesso, um verdadeiro sentido de vida, não logrando ocultar o oco de existências destituídas de significação e privadas de condições para enfrentar as inevitáveis tragédias inerentes à condição humana.

Não é provável que a crise existencial do homem contemporâneo seja corrigível por um retorno à religião. Dar-se-á, assim, o caso de não haver possibilidades de se devolver sentido à existência do homem moderno? É nesse contexto que as propostas helenísticas podem contribuir para voltar a dar sentido à existência humana. Trata-se, em última análise, do fato de que o estoicismo e o epicurismo helenísticos comportam uma versão *aggiornatta* apropriada para imprimir sentido à vida do homem contemporâneo.

Como se menciona no primeiro estudo deste livro, "Breve Ensaio sobre o Homem", as demandas psicofísicas e transcendentes do homem requerem um projeto de vida que lhes confira apropriado atendimento. Trata-se, por um lado, numa versão contemporânea do epicurismo, de substituir a passiva ataraxia proposta por Epicuro por um moderado hedonismo psicofísico, dentro das crescentes possibilidades proporcionadas pelas atuais condições tecnológicas do mundo, em princípio acessíveis a todos os povos. Trata-se, por outro lado, de recolher da proposta estóica o sentido de serena superação da adversidade, baseada na soberania da razão e no cumprimento do dever, relativamente à sociedade, ao conjunto da humanidade e à preservação ecológica do planeta, bem como de imprimir à vida um sentido transcendente, não orientado para uma divindade inexistente, mas sim para os valores superiores de caráter cultural, social e ético. Independentemente da irrelevância última do mundo, o homem tem o sentido que se confira a si mesmo, o que lhe permite se assegurar uma vida significativa, em vez de insignificante.

9

O HUMANISMO NA SOCIEDADE TECNOLÓGICA DE MASSAS

1. INTRODUÇÃO

Um tratamento, embora perfunctório, da questão do humanismo na sociedade tecnológica de massas, exige um sucinto esclarecimento do que se entenda pelos dois termos da proposição, e da medida em que suas respectivas características essenciais se compatibilizem reciprocamente.

O humanismo, entendido em seu sentido mais amplo e básico, como um conjunto de atitudes e idéias que fazem do homem e do elemento humano o objeto preferencial da atenção do homem, percorre um longo caminho no curso da história, desde suas incipientes manifestações mais remotas até sua condição problemática em nosso tempo.

Em seu sentido mais amplo, o humanismo é contemporâneo da emergência do *Homo Sapiens*. Tomar consciência de sua condição de mortal, abrindo sepulturas para os que morrem e criando ritos para seu sepultamento, é algo que o homem fez desde que se tornou plenamente humano, há cerca de pouco mais de 40 mil anos. A pintura rupestre de Lascaux e de Altamira, provavelmente expressando exorcismos propiciatórios à caça, é uma manifestação incipiente do humanismo, mediante a qual submete-se elementos da natureza aos desígnios humanos.

Num sentido mais próximo ao atual existem manifestações de humanismo nas antigas civilizações Orientais, pelas quais o homem expressa sua angústia existencial, como no poema babilônico do Homem de Bem Sofredor – um arquétipo do que chegaria a ser a narrativa bíblica de Jó. O código de Hammurabi contém um sentido humanista de justiça e de proteção aos desamparados.

Há um profundo sentido humanista no antigo Egito, em sua arte, na narração do debate travado entre o homem que queria suicidar-se e sua própria alma, ou no Livro dos Mortos.

A sociedade de massas, por sua vez, também remonta à Antigüidade. Os antigos Impérios Orientais eram organizações de massa, embora com amplos setores em condição servil ou semi-servil. Os reinos helenísticos e, de maneira ainda mais nítida, o Império Romano, apresentavam massas semelhantes às contemporâneas, administradas mediante uma combinação de elementos coercitivos, relações clientelísticas e estratégias populistas, como o *panem et circenses*. O que é novo em nossa era é a sociedade tecnológica de massas, ou seja, uma sociedade de massas que depende, como observou Jaspers, de um sistema tecnológico que as massas utilizam sem compreender, como parte integrante de uma segunda natureza.

Essa sociedade tecnológica de massas, que surgiu com a Revolução Industrial, adquiriu enormes proporções numéricas a partir do último terço do século XIX, chegando a proporções colossais em nossos tempos. Baseando-se nas inovações tecnológicas dos últimos decênios, as massas são conduzidas a um consumismo imanentista cada vez mais distante dos valores humanísticos que se desenvolveram desde a Grécia até meados do século XIX. Que compatibilidade pode existir entre a tradição humanista de Sócrates e Platão, de Cícero e Sêneca, do Renascimento, da Ilustração, de Goethe e Tolstoy, com a sociedade de massas contemporânea?

2. A TRADIÇÃO HUMANISTA

Apesar de incipientes manifestações na Era Paleolítica e nas antigas civilizações Orientais, o humanismo, como uma reflexão consciente do homem sobre sua própria condição e consciente prioridade que o homem confere a tudo o que é humano, é um produto da civilização grega. Surgiu com Homero, como um humanismo heróico e o culto da *areté*. Desenvolveu-se com os sofistas, sobretudo Protágoras, que considerou o homem como a medida de todas as coisas. Alcançou sua plenitude clássica com as reflexões de Sócrates e Platão sobre a virtude, como conhecimento e prática do bem. Como observou Heidegger é com a República Romana que o humanismo se formula com tal designação: o *homo humanus* se opõe ao *homo barbarus*, com incorporação da paidéia grega. A *paidéia* se traduz por *humanitas*. A *romanitas* do *homo romanus* consiste nessa *humanitas*.

Esse humanismo impregnou todas as manifestações da cultura clássica, a partir da grega: a arquitetura de Ictinos, a escultura de Fídias a Praxiteles, a pintura de Polígnoto, a poesia de Safo, a tragédia de Ésquilo, Sófocles e Eurípedes, a comédia de Aristófanes, a política de Péricles, ou a *homonóia* de Alexandre. Esse humanismo será continuado pelo círculo dos Scipões, por Cícero e Lucrécio e pelos estóicos, de Sêneca a Marco Aurélio.

O humanismo clássico oscila entre os pólos do relativismo e do categorismo. O relativista, de tendência agnóstica ou ateísta – de Protágoras a Aristóteles e Lucrécio – converte o homem em centro de si mesmo, enquanto o categórico – de Sócrates e Platão aos estóicos – inclina-se para um monoteísmo metafísico, avaliando o homem por sua dedicação à virtude e ao bem supremo, a justiça.

A tradição do humanismo clássico está incorporada ao Cristianismo, a partir de seu processo de helenização. Até Alberto Magno (1200–1280) e Sto. Tomás, por sua vertente platônica. A reconstrução da filosofia cristã sobre bases aristotélicas, com Sto. Tomás (1215–1274), revalorizou o conceito da virtude como um meio termo.

O humanismo medieval, sob o profundo teocentrismo da época, apresenta importantes diferenciações que decorrem, predominantemente, da evolução ocorrida no âmbito da Igreja e do desenvolvimento da cidade medieval.

Em grandes linhas, pode-se observar que à estrutura eclesiástica herdada do Cristianismo antigo, baseada na rede Pároco, Bispo, Arcebispo, se segue a expansão de independentes Abadias Beneditinas, a partir da fundação de Cluny em 910, seguida pela de Citeaux, em 1098 e da de Clairvaux em 1115. O humanismo beneditino, cuja mais alta expressão foi Sto. Bernardo de Clairvaux (1090-1153), era de caráter místico-racional.

Mas foi, igualmente, responsável pela preservação e pelo estudo dos grandes manuscritos da Antigüidade e levou à construção de abadias românicas, à pintura dos iluministas e de grandes quadros, numa arte que buscava manifestar o divino através do humano, como o afresco *Cristo em Majestade* em Berze la Ville, de ca. 1100.

À fase beneditina segue-se, a partir do início do século XIII, a das ordens mendicantes, concomitantes com o surto das cidades medievais. O humanismo militante da caridade absoluta dos Franciscanos (ordem fundada em 1209) e o humanismo da fé racional dos Dominicanos (ordem fundada em 1215) reflete o espírito dessas duas ordens. O humanismo Franciscano também se intelectualiza com S. Boaventura (1265–1321), Duns Scotto (1265-1308) e Guillermo

Ockham (c. 1220–1349), conduzindo a um voluntarismo de tendência nominalista. O racional-fideísmo dos dominicanos conduzirá a Sto. Thomás e ao aristotelismo cristão.

A dicotomia Franciscana-Dominicana prosseguirá nas artes plásticas. O "estilo franciscano" ou ilusionista, preconizado por Roger Bacon (c. 1220 – c. 1292), enfatizava a necessidade de criar a ilusão de volume, através da perspectiva e encontrou em Giotto (1266/7–1377) seu genial executor. Suas representações de S. Francisco ressaltam, ao mesmo tempo, a humanidade e a divina bondade do santo. O "estilo dominicano", antiilusionista, retorna deliberadamente à pintura bidimensional, para ressaltar o senso do divino, como a *Maestá* (1308–11) de Duccio di Buoninsegna (c. 1255 – c. 1318).

O desenvolvimento das cidades, a partir do século XI, conduziu à emergência de um humanismo ou nas universidades como as de Paris (1150 ou 1170) e de Bologna (fins do século X), gerando um humanismo acadêmico, como no brilhante caso de Abelardo (1079-1142), ou a de intelectuais independentes, como Dante (1265–1321).

É, todavia, com o Renascimento italiano, e a partir dele, com a expansão da cosmovisão renascentista pelo norte da Europa e pela Península Ibérica, que o humanismo clássico se reconstitui de maneira ainda mais pujante. O humanismo italiano inicia-se a partir do final do século XIII e, em sua plenitude, a partir de Petrarca (1304–1374), como uma recuperação da cultura romana, com incorporação posterior da cultura grega.

Como se sabe, houve uma grande controvérsia sobre a idéia do Renascimento como algo qualitativamente distinto da Idade Média. À suposição de um profundo hiato entre o pensamento medieval e o renascentista antepõe-se, como defende Erwin Panofsky, entre outros, a tese da continuidade. Desde a patrística os autores latinos já eram lidos pelos estudiosos medievais. Atualmente essa controvérsia está superada, como mostra Alan Bullock. Embora seja certo que Burckhardt, em seu clássico livro sobre o Renascimento na Itália, exagerou essa ruptura, é inegável que, desde Petrarca, a apropriação do mundo clássico se faz de maneira diferente da medieval. Para a Idade Média, os clássicos latinos serviam de apoio ao pensamento cristão. Para o Renascimento, serviam como abertura ao próprio mundo clássico, considerado como superior ao mundo medieval, com a única exceção da preservação da Revelação cristã.

Assim o Humanismo se inicia como um redescobrimento da romanidade e da insuperada excelência do mundo clássico. Esse Humanismo da romanidade passará, durante o segundo terço do século XIV, a incorporar cada vez mais a Grécia. O *scholar* bizantino Manual Chrysolares, nomeado por Salutari para ensinar grego em Florença, em 1337, começou a difundir o idioma e a cultura helênicos, que rapidamente se integraram aos estudos humanistas. Em sua primeira etapa, o Humanismo italiano foi filológico e literário. Os textos latinos começaram a ser lidos por seu próprio interesse e mérito, como expressão de uma cultura superior e como modelos literários. Os humanistas escrevem em latim – além de aperfeiçoar o vernáculo – e lutam por alcançar uma excelência de linguagem comparável a Cícero, enquanto se desenvolve uma laboriosa busca de novos originais, aumentando extraordinariamente o acervo disponível de manuscritos latinos.

Em sua segunda etapa, correspondente à segunda metade do século XV, o Humanismo, com Florença como centro e o círculo dos Médici como seu núcleo aglutinador e propulsor, gera uma nova cosmovisão. Como Protágoras, o homem sente-se como sendo a medida de todas as coisas. Exercendo de maneira decidida e inteligente sua liberdade racional, o homem dispõe da *virtú* necessária para impor-se à *fortuna*. Entende-se a vida como sendo a oportunidade para manifestar a capacidade de excelência do homem, bem como a possibilidade para uma ilimitada produção de beleza e gozo do belo. À geração de humanistas como Salutati (1330–1406), Leonardo Bruni (1369–1444), e Luiz Battista Alberti (1404–1472), de pintores como Giotto (1266–1276), Simone Martini (1284–1344) e Masaccio (1401–1428), de escultores como Brunelleschi (1377–1446) e Donatello (1386–1466), sucede-se, sobretudo em torno de Cósimo (1389–1464) e, em seguida, de Lorenzo de Médici (1440–1492), a geração de humanistas como Marsilio Ficino (1433–1499), dirigindo a Academia Platônica de Florença, e Pico della Mirándola (1463–1494), de pensadores políticos como Machiavelli (1469–1527) e Guicciardini (1483–1540), de pintores como Boticelli (1445–1510) e Leonardo da Vinci (1452–1519), de arquitetos como Vasari (1511–1574), de escultores como Michelangelo (1475–1564).

O culto da beleza no ser humano e na arte encontra na Florença dos Médici, com a inspiradora beleza e graça de Simonetta Vespucci, sua expressão emblemática. Giuliano de Médici a amava, e a ela dedicou seu triunfo no torneio de 1475, que Poliziano, que também a amava, celebrou em suas *Stanze della Giostra de Giuliano de Médici*, e Boticelli a imortalizou na *Nascita de Venere* e na *Primavera*.

A partir do centro florentino, o Humanismo estende-se ao conjunto de toda a Itália, com um desenvolvimento importante em Veneza e em Roma. Em Veneza aliam-se a influência de Aldus Manutius (1450–1515), que iniciou a edição de textos gregos que tornaria famosa a Impressora Aldine e para onde iria Erasmus em 1506, e um desenvolvimento pictórico cujo epicentro são os Bellini, desde Jacopo (1400–1470) a seus filhos Gentile (1429–1507) e Giovanni (1430–1506).

Em Roma, o Renascimento e o Humanismo foram promovidos por uma série de Papas, a partir de Nicolau V (1445–1455), que construiu a Biblioteca Vaticana, seguido de Calixto III, Paulo II, Sixto IV, com a Capela Sistina. Alexandre VI e, principalmente, Julio II (1503–1513), que iniciou as obras de São Pedro e Leão X, Giovanni de Médici (1513–1521), que impulsionou a construção da basílica e edificou S. Giovanni na via Julia. A semi-paganização introduzida pelos papas renascentistas e o abuso das indulgências, para financiar as obras de S. Pedro e o fausto papal, geraram um crescente mal-estar no norte da Europa, que culminou com as 95 Teses de Lutero, afixadas em 1517 nas portas da igreja de Wittenberg e o desencadeamento da Reforma Protestante.

O Renascimento italiano foi seguido de perto pelo flamengo, e um contato freqüente estabeleceu-se entre os artistas flamengos e a Itália. Todavia, é necessário diferenciar a difusão do estilo renascentista no caso de Flandres e do norte da Europa, particularmente através da pintura, do posterior surgimento do Humanismo. Jan van Eyck (1385–1432), com seu insuperável *Cordeiro Místico*, de Ghent (1427–1432), ou Rogier van der Weyden (1400–1464), com sua *Descida da Cruz*, são excelentes artistas renascentistas, mas estão inseridos na cultura do Cristianismo medieval, como, um século antes, estava Giotto. O Humanismo do norte da Europa surgiu um século mais tarde, com Erasmus (1466–1536), Thomas Morus (1477–1535) e Guillaume Budé (1468–1540).

Nos países ibéricos a arte renascentista também precedeu o Humanismo. No século XV, sob influência de Flandres, desenvolveu-se uma importante escola catalã de pintura e, em Portugal, também sob influência flamenga, surgiu Nuno Gonçalves, um mestre de extraordinário valor, com seu *Tríptico de S. Vicente* (1460), contendo o retrato do príncipe Henrique, o navegador. O tardio humanismo ibérico, promovido pelo Cardeal Ximenes (1436–1517), teve sua expressão máxima, na Espanha, com Juan Luis Vives (1492–1540) e Luiz Vaz de Camões (1524–1580), em Portugal.

As invasões da Itália no século XVI, convertida em palco do conflito entre a França de Luís XII e Francisco I e o Império Alemão, a crise da Reforma, as guerras religiosas e a Contra-Reforma, quebram o otimismo do Renascimento e introduzem um elemento de pessimismo na tradição humanista. Montaigne (1533–1592) em seus ensaios, e Shakespeare (1564–1616), falando através de

Hamlet, expressam a consciência trágica do mundo na idade barroca, e encontram no novo estoicismo a resposta aos desafios de seu tempo.

A partir do final do século XVII, o esgotamento das controvérsias religiosas, o horror provocado pela guerra dos Trinta Anos (1618–1648), e o desenvolvimento de um novo racionalismo que começou com Descartes (1596–1650), continuou com Spinoza (1632–1677) e culminou no otimismo racional de Leibniz (1646–1716) abriu caminho para uma nova visão do mundo que levaria à Ilustração. A física e a astronomia de Newton (1642–1727), superando as suposições de Descartes sobre os vórtices, inauguraram uma nova mentalidade que restaurou a confiança na harmonia do mundo a partir da harmonia do universo. Bernard de Fontenelle (1657–1757) iniciou, desde o final do século XVII, com seus escritos científicos e sociais, a cosmovisão do século das luzes.

O humanismo racionalista do século XVIII reativou a paixão renascentista pela Antigüidade clássica – que havia perdurado durante a idade barroca – buscando numa visão idealizada da República Romana seu modelo de sociedade e Estado. O humanismo iluminista, como o renascentista, orientou-se predominantemente para a ação, mas com a diferença que se sentiu menos atraído pela gesta individual, voltando-se mais para a reforma da sociedade. A Ilustração teve uma visão totalizadora do mundo e encontrou na natureza uma harmonia geral, desde a harmonia cósmica, descoberta por Newton, à harmonia da natureza viva, explicada por Buffon (1707–1788) em sua *História Natural*. Tal harmonia pode produzir-se nas sociedades humanas, manifestando uma harmonia para a qual inclina-se naturalmente o homem – como defenderia Rousseau (1712–1778) – mas que perde força diante da associação entre o despotismo e as superstições religiosas.

A tarefa a que se propuseram os *philosophes*, de Montesquieu (1689–1755) a Rousseau, foi a instauração da sociedade racional e eqüitativa, eliminando o arbítrio eclesiástico e substituindo a autoridade da tradição pela autoridade da razão. Os humanistas ilustrados foram predominantemente deístas, com raras exceções, como a do materialismo do Barão de Holbach. Mas enfrentaram a religião revelada e mostraram-se profundamente críticos do Cristianismo, tal como o propagava a Igreja. Voltaire (1694–1778) converteu a desmistificação do poder eclesiástico em sua missão principal (*écrasez l'infame*), opondo aos mitos religiosos a "religião natural" que se encontra inscrita no coração do homem, manifestando-se na harmonia cósmica. Os enciclopedistas, com Diderot (1713–1784) e d'Alembert (1717–1783), esforçaram-se por realizar uma gigantesca tarefa de acumulação e sistematização do saber existente para a educação e ilustração da humanidade, promovendo a ciência e a cultura, como substituição aos mitos religiosos e às tradições obscurantistas, como uma forma de instaurar a boa sociedade.

Locke (1632–1704), Montesquieu, Rousseau e Jefferson (1743–1826) conceberam a boa sociedade como sendo o produto da livre associação entre os homens, nascidos livres, que preservam sua liberdade mediante leis e regimes de governos elegidos livremente. Essas idéias comandarão a adesão de todas as mentes européias educadas, e se converterão no motor propulsor da Revolução Francesa, bem como do parlamentarismo britânico e do reformismo democrático da primeira metade do século XIX.

O humanismo da Ilustração, embora talvez menos intenso do que o Humanismo renascentista em suas expressões individuais, foi mais amplo. Além de suas manifestações nos escritos dos *philosophes* e enciclopedistas, que deram uma dimensão moderna à historiografia, atingiram seu mais alto ponto intelectual com Kant (1724–1804), e lograram uma extraordinária manifestação artística. Se a média da pintura do rococó é inferior à da grande pintura barroca, Watteau (1684–1721) e Chardin (1600–1779) na França, Gainsborough (1727–1788) e Lawrence (1769–1830) na Inglaterra, Canaletto (1697–1768), Tiépolo (1696–1770) e Guardi (1712–1793) em Veneza e, sobretudo Goya (1746–1828), em sua fase iluminista, marcaram um esplêndido momento da arte. Todavia, foi na música que o humanismo artístico encontrou sua maturação técnica no século XVIII, sua mais alta expressão, chegando a níveis jamais alcançados anteriormente, com Vivaldi (1675–1741), Juan Sebastian Bach (1685–1750), Gluck (1714–1787), Haydn (1732–1809), o deus Mozart (1756– 1791) e a primeira etapa do gênio beethoveniano (1770–1827).

A tradição humanista manteve-se durante a primeira metade do século XIX, com a incorporação da sensibilidade romântica. Goethe (1749–1832), Schiller (1759–1805), Wilhelm von Humboldt (1767–1835), fundador da universidade de Berlim, Hegel (1770–1831) e Marx (1818–1883) representam momentos culminantes do humanismo do século XIX. Tal como no século anterior, a música foi uma expressão incomparável da emoção humana. Culminou com o absoluto beethoveniano, que teve sua manifestação suprema na maturidade do compositor, Schubert (1797–1838), Mendelssohn (1807–1847), Schumann (1810–1856), Chopin (1810–1849), marcaram o momento mais alto do romantismo musical. A segunda metade do século, em cujo transcurso se iniciou a crise do humanismo moderno, mantém, ainda nessa época, o alto nível do humanismo musical, com Wagner (1813–1883), em sua heróica expressão e Brahms (1833–1897) na última manifestação da harmonia clássico-romântica.

3. O HUMANISMO E SUA CRISE

Da Grécia a Goethe, de Fídias a Cánova, de Polígnoto a Goya, da canção grega a Beethoven, em todas suas mutantes manifestações históricas o humanismo, como disse Pico della Mirandola, foi uma afirmação da dignidade do homem. Em suas diversas manifestações, conforme a época histórica ou o meio de expressão – palavra, mármore, cor, música – o homem foi celebrado por sua liberdade racional, por sua transcendência às circunstâncias e à sua própria estrutura psicofísica.

Explícita ou implicitamente, a tradição humanista baseou-se num sentido generalizado da harmonia, abarcando desde a harmonia cósmica das esferas à harmonia do corpo humano e à possível harmonia da vida humana e da sociedade. Mesmo em suas expressões e momentos mais utópicos, o humanismo – da visão que Péricles tinha de Atenas às propostas da cidade ideal, porque em conformidade com o Cristianismo com Agostinho e os padres da Igreja, ou em conformidade com a razão, com Tomás Morus ou com os *philosophes* – sempre esteve plenamente consciente da distância que separa a realidade corrente da sociedade e do que nela seja a vida humana, do ideal humanista da sociedade e das condições de vida. Essa distância não é porém compreendida como expressão ou produto de uma falta de harmonia natural ou inata, e sim como a conseqüência das distorções provocadas pela malícia e pelas instituições injustas. Tais distorções podem ser superadas, a nível individual, pela *areté*, pela *virtú* que domina a fortuna, por uma resistência estóica que se sobrepõe a todas as vicissitudes. Pode ser superada coletivamente através da desmistificação das crenças obscurantistas e práticas despóticas, mediante a imposição dos princípios da razão.

Enquanto perdurou a confiança na harmonia universal e na força da razão, perduraram também as formas clássicas do humanismo. Essa confiança na razão e na harmonia universal entrou em crise a partir do último terço do século XIX. Nietzsche (1844–1900) luta contra o humanismo socrático e o humanismo cristão em nome da vontade de poder e de uma transmutação dos valores que supere as morais piedosas, instaurando uma ética da excelência dos homens superiores, do super-homem. Freud (1856–1939) desmistificou a autonomia da razão, revelando a medida em que o homem é levado por seu instinto, pelo impulso erótico e por seu medo da morte.

As sociedades européias do último terço do século XIX tiveram, com a expansão da Revolução Industrial, do comércio internacional e do colonialismo, uma prosperidade crescente que, no entanto, se concentrava em uma minoria de empresários e capitalistas. A imensa maioria da população ou continuava recebendo modestíssimos rendimentos do trabalho agrícola, ou se via submetida, com salários de mera subsistência, a um extenuante trabalho fabril, que explorava implacavelmente crianças e mulheres.

Esse capitalismo selvagem suscitou a reação dos liberais com consciência social, como John Stuart Mill (1806–1873), dos socialistas moralistas como Proudhon (1809–1865) e, sobretudo, de Karl Marx (1818–1883). Marx dedicou sua vida ao esforço de exercer uma crítica da sociedade burguesa, desde suas geniais intuições sociofilosóficas, nos *Manuscritos de Paris*, de 1844, em *A Ideologia Alemã* (1845–1846) e no *Manifesto Comunista* (1848) até seu extenso e inacabado estudo *Das Kapital*, cujo primeiro volume foi publicado em 1867, e onde defendia uma interpretação da economia que não seria confirmada pelo subseqüente desenvolvimento da ciência.

Sua crítica da sociedade burguesa só veio a produzir efeitos práticos muitos anos depois de sua morte. No entanto, importantes movimentos sociais começaram a causar um crescente impacto, do sindicalismo aos diversos ramos do socialismo, que culminaram, sob os efeitos da Primeira Guerra Mundial, na Revolução Russa, em 1917. Antes dessa data, Lloyd George iniciou, com o "Insurance Act" de 1911 e com a ala radical do liberalismo, a construção do que se converteria mais tarde no *Welfare State* britânico. O socialismo revisionista formulado por Bernstein no início do século XX ("Socialismo Evolutivo", 1909) pouco a pouco iria tornar-se o grande movimento da socialdemocracia, que iria dominar o quadro político europeu depois da Segunda Guerra Mundial. A crítica ao capitalismo selvagem e a proposta de uma sociedade eqüitativa ultrapassaram as fronteiras das diversas modalidades do socialismo, convertendo-se em uma posição comum dos movimentos políticos de inspiração cristã-democrata e socioliberal.

A tradição humanista procedente da Ilustração foi profundamente afetada pelos movimentos intelectuais e sociais do final do século XIX e início do século XX. Foram os alvores de um período histórico marcado pela crise da crença na harmonia universal. As éticas de solidariedade, base fundamental do humanismo, se viram assaltadas por Nietzsche e os teóricos da violência, movimento que culminaria no nazifascismo. O supremo valor da liberdade racional, base fundamental do próprio Humanismo, sofreu ataques devastadores de Freud e, posteriormente, da psicologia do *behaviourism*. O harmonioso universo de Newton tornou-se o universo da relatividade de Einstein e da mecânica quântica de Max Planck, convertendo-se posteriormente no caótico cosmos produzido pelo "big bang".

No contexto desse quadro de crise, a Cultura Ocidental, analisada por Sorokin em sua teoria sobre o *late sensate*, inverteu a tendência construtiva da tradição humanística e foi levada a um processo de crescente desestruturação. Desestruturou-se a visão do mundo, que passou a ser constituída por uma infinidade de disciplinas científicas particularistas, tornando inconcebível qualquer esforço de uma nova síntese, como os realizados pelos enciclopedistas, por Kant e Hegel. Desestruturou-se a arte. A música, com o atonalismo de Schoenberg (*Pierrot Lunaire*, 1912) e de Alban Berg (*Wozzeck*, 1925). A pintura, com o Expressionismo de Munch, Kirchner, Emil Nolde e Kokoschka, com o Cubismo de Picasso, o Abstracionismo de Mondrian, o Surrealismo de Jean Arp, Tanguy, Miró, e a conversão final da pintura em ação, através da *action painting* de Mathieu. A literatura, com Joyce e a dissolução da narrativa no fluxo do subconsciente.

Diante desse processo de desestruturação do mundo e do homem, a reação do humanismo foi basicamente a de renunciar a uma nova tentativa para alcançar a compreensão sintética da realidade – com exceção dos esforços realizados por Whitehead (1860–1947) – concentrando-se no território das disciplinas humanas e sociais.

O humanismo do final do século XIX e da primeira metade do século XX converteu-se em um social-humanismo. Alguns pensadores, como Sartre (1905–1980), acreditaram que era possível expressar esse social-humanismo em termos marxistas e, durante um longo tempo, persistiram em sua convicção de que o estalinismo era uma distorção do leninismo, e de que a União Soviética pós-estalinista iria encaminhar-se para um socialismo humanista. A repressão da Primavera de Praga desmentiu essas expectativas. Outros pensadores inclinaram-se para a socialdemocracia de Willy Brandt. Outros ainda, como Ortega y Gasset (1883–1955), ou Bertrand Russell (1872–1970), para um social-liberalismo, que permitiria combinar as manifestações da excelência pessoal com a proteção social dos setores de baixa renda.

O humanismo contemporâneo, de Cassirer (1874–1945) e Schweitzer (1875–1965) a Habermas (1934), como social-humanismo ou sob distintas modalidades, apesar de manter-se fiel ao fundamento básico de todos os humanismos, ou seja, a crença na dignidade do homem e sua intransigente defesa, não conseguiu conter o processo de desestruturação da visão do mundo, nem superar as contradições resultantes dessa visão.

4. A SOCIEDADE TECNOLÓGICA DE MASSAS

Se a sociedade tecnológica de massas é um fenômeno contemporâneo, caracterizado plenamente depois da Segunda Guerra Mundial, a presença das massas, como já mencionado, fez-se sentir desde os antigos impérios orientais. O surgimento das massas é um fenômeno social que apareceu a partir da consolidação de um processo civilizador de longo alcance. A concentração urbana, apoiada por vasta produção de alimentos a partir de uma agricultura bem organizada, tal como na antiga Mesopotâmia, suscitou a formação das massas. Ocorreu dessa maneira na Babilônia e, em condições diferentes, nos reinos helenísticos e na Roma Imperial. Muito pelo contrário, não existem massas, seja nas civilizações que não geram importantes concentrações urbanas, como a grega, seja em processos civilizadores ainda não consolidados, com modestos níveis de urbanização, como na Europa posterior à queda do Império Romano do Ocidente, até meados do século XIX.

A sociedade tecnológica de massas contemporânea caracteriza-se por um alto grau de urbanização, que chega a 95% da população total, freqüentemente concentrada em megacidades que contam com muitos milhões de habitantes, como México, São Paulo, Xangai, Nova York. Por outro lado, também se caracteriza, diferentemente do que ocorreu com as massas da Antigüidade, por um sistema de apoio que depende totalmente de uma tecnologia complexa que assegura a distribuição de energia, comunicações quase instantâneas e meios de transporte massivos e extraordinariamente velozes.

Essa sociedade de massas está estruturada de maneira burocrática e corporativista, contando com um pequeno e decrescente setor de profissionais autônomos. As grandes empresas e o setor público operam de maneira burocrática, seguindo um modelo que, em sua forma inicial, já fora identificado por Max Weber. A pequena empresa, que continua a ser responsável por um alto coeficiente de emprego, opera de maneira semelhante à do século passado, embora utilize com freqüência modernos métodos de gestão. Todavia seus empregados, salvo nos países em que o regime legal não é muito significativo, estão sindicalizados e agem de acordo com seus interesses corporativos, sem que exista o antigo vínculo afetivo com seus empregadores.

A sociedade tecnológica de massas contemporânea é o resultado da evolução de um processo profundamente afetado pela influência decisiva de três fatores principais: a concentração urbana, a domesticação social do capitalismo e o progresso contínuo da tecnologia. A concentração urbana aumentou a partir de meados do século XIX. A domesticação social do capitalismo iniciou-se, sob pressão dos sindicatos e movimentos de inspiração socialista, com as medidas sociais do último bismarckismo, acentuando-se com as reformas de Lloyd George e a pressão dos *fronts populaires* do primeiro terço do século XX, aperfeiçoando-se com o *Welfare State* que surgiu após a Segunda Guerra Mundial. O progresso tecnológico acelerou-se a partir do final do século XIX, sobretudo depois da Segunda Guerra Mundial.

A Revolução Industrial instaurou, como mencionamos anteriormente, um capitalismo selvagem que, por sua vez, provocou a reação socialista. A história do socialismo, de Marx até a implosão da União Soviética, seguiu, em sua parte fundamental, duas vertentes: a autoritária, dirigida pelo princípio da eficácia e a necessidade de defender a pátria do socialismo real contra as agressões do mundo capitalista, e a humanista, que foi inspiradora do próprio Marx apesar de seu cientificismo oitocentista, que desembocou na socialdemocracia posterior à Segunda Guerra Mundial. O comunismo soviético, embora se expressando de maneira frontalmente hostil ao socialismo democrático – provocando, entre outros efeitos, a ruína da República de Weimar – beneficiou-se, até sua crise, do idealismo humanista que animava, de maneira geral, as teses socialistas. Por sua vez, o socialismo democrático e sua filosofia social-humanista, embora renegando frontalmente o socialismo soviético, beneficiou-se também, até a crise deste último, com suas realizações concretas, desde a vitória soviética sobre a Alemanha nazista, até a gesta espacial inaugurada pelo Sputnik.

A crise do socialismo soviético, de final dos anos 1980 ao início dos anos 1990 teve, entre outros efeitos, o de afetar profundamente a ideologia socialista, inclusive em sua vertente democrática. O socialismo foi a última religião leiga do mundo, incorporando em sua versão social-humanista os ideais da Ilustração, inclusive no que se refere a sua versão progressista e perfeccionista da história, combinando a idéia e a prática do desenvolvimento tecnológico, que no século das luzes ainda se vislumbrava de maneira incipiente. Durante a vigência da ideologia socialista, o mundo ocidental – ou sob influência ocidental – proporcionou aos homens duas grandes alternativas. Para aqueles que estavam em condições favoráveis no *status quo* da sociedade capitalista, manteve-se a possibilidade de alcançar êxito econômico, mediante o qual combinavam-se os benefícios do consumismo com o prestígio do êxito e a manifestação "timótica" de uma excelência pessoal. Para os que não tinham condições favoráveis, o socialismo surgiu, imediatamente, como uma modalidade ética e prática para melhorar o mundo, com a promessa de sua presumida inevitabilidade histórica num prazo mais longo.

A desestruturação das crenças socialistas privou a sociedade contemporânea de seu último projeto coletivo para o homem. O consumismo e o carreirismo burocrático continuam a oferecer, a um grupo minoritário de homens, satisfações imediatas e um espaço institucionalizado para o exercício da vontade de poder. Todavia, o consumismo padece de duas limitações irremediáveis: em nível individual, é oco, não dispõe de condições para dar satisfação aos anseios humanos mais profundos e se apresenta como totalmente vão diante de situações trágicas com que, inevitavelmente, o homem se defronta. Em nível coletivo, é uma proposta falsa, largamente desmistificada, já que os atuais níveis de consumo das minorias prósperas das sociedades acomodadas não se mostram suscetíveis de qualquer generalização mais ampla.

A desestruturação da visão do mundo, iniciada no último terço do século XIX, privou o homem, com a desestruturação final do ideal socialista, no contexto da sociedade tecnológica de massas, de projeto e de sentido. O homem se tornou uma peça, intrinsecamente sem valor próprio, do aparelho existencial de massas. O homem se tornou, de presidente a operário, uma simples função. O homem se tornou descartável. A gravidade dessa situação não está propriamente no fato de que caracteriza o momento histórico atual, e sim no fato de que não é um produto de contingências circunstanciais e sim do próprio desenvolvimento cultural do homem. Tal como observou Sorokin em sua *Dynamics of Civilizations*, o desenvolvimento cultural do homem foi, historicamente falando, um processo de contínua dessacralização do mundo. O cosmos mágico da Mesopotâmia e do Egito antigos cede lugar ao *logos* grego, cujo sentido de transcendência eidética converte-se, com o Cristianismo, em transcendência ontológica, levando à dessacralização da natureza. A natureza dessacralizada permite o desenvolvimento da ciência e da tecnologia. O produto final do desenvolvimento científico-tecnológico, que culmina no processo de dessacralização do mundo, leva a um cosmos desprovido de sentido, em cujo âmbito o homem da sociedade tecnológica de massas permanece desprovido de projeto, perdendo seu próprio sentido e se converte no homem descartável.

5. A PROBLEMÁTICA

O mundo contemporâneo enfrenta cinco problemas básicos. Um, de caráter ético-cultural, decorre da perda de todos os valores transcendentes e transcendentais – a verdade, o justo e o belo. Quatro, de caráter socioempírico: (1)

o de uma estável e confiável compatibilização da legitimidade democrática com a racionalidade pública; (2) o da administração racional e eqüitativa da ecologia; (3) o da incorporação à modernidade e ao desenvolvimento das sociedades e dos estratos atrasados; e (4) o de uma eficaz e eqüitativa administração internacional dos interesses gerais da humanidade, que engendre uma otimização mundial da qualidade de vida.

Nos países mais desenvolvidos, a sociedade tecnológica de massas organizou-se como uma democracia de massas. A convicção de que a democracia era uma condição necessária para alcançar a legitimidade política universalizou-se. Historicamente, observa-se como sociedades de notáveis convertem-se, no mundo ocidental, em democracias de notáveis, de meados do século XVIII a meados do XIX. Em seguida, essas sociedades converteram-se em sociedades de classe média e, paulatinamente, de meados do século XIX ao início do XX, em democracias da classe média. Finalmente, essas sociedades converteram-se em sociedades de massas e, no mundo ocidental, do primeiro ao segundo pós-guerra, generalizou-se a constituição das democracias de massa.

Em geral, o problema das democracias, particularmente das democracias de massas, consiste no fato de que a legitimidade do poder, resultante do regime democrático, não conduz *per se* à racionalidade pública. Esse problema já havia sido identificado por Aristóteles em sua *Política*, e persiste em nossos dias. O autoritarismo, no entanto, além de inerentemente ilegítimo, tampouco conduz *per se* à racionalidade pública. Ora, o requisito da racionalidade pública, extremamente importante para qualquer sociedade, converte-se, para as sociedades tecnológicas de massas, em sua estrita condição de sobrevivência. Enquanto a boa administração de seu sistema de irrigação constituía uma condição necessária para a sobrevivência das massas mesopotâmicas, a boa administração do sistema tecnológico de que dependem as massas contemporâneas é, num sentido ainda mais rigoroso, a condição essencial para sua sobrevivência. Todavia, numa certa medida as massas antigas podiam migrar para regiões mais bem providas de alimentação, e também, como efetivamente aconteceu, acumular grãos durante os anos férteis para compensar as más colheitas. Podemos acrescentar a esse fato que a boa administração da irrigação era uma tarefa simples e que dependia exclusivamente da preservação do poder real. Nas sociedades contemporâneas de massas essa boa administração é uma tarefa extremamente complexa, que exige ao mesmo tempo um adequado funcionamento do *hardware* de toda uma rede interdependente de subsistemas técnicos e uma gestão competente dos *softwares*, tanto técnicos como econômicos e sociopolíticos.

Em nossos dias, algumas sociedades democráticas de massas conseguiram alcançar condições estáveis e confiáveis de compatibilização do sistema democrático com um nível satisfatório de racionalidade pública. É o caso de diversos países europeus, de alguns países da antiga *Commonwealth* britânica, e, em menor grau, dos Estados Unidos, e do Japão, sendo raros outros exemplos, a China constituindo um caso à parte. Os países que não conseguiram atingir essa compatibilização, a grande maioria, formam o contingente do subdesenvolvimento em nossos tempos, estando precisamente subdesenvolvidos devido à deficiência de sua racionalidade pública.

Se examinarmos os fatores que levaram à compatibilização da legitimidade democrática com níveis satisfatórios de racionalidade pública, observaremos que, além de outras condições, este fato se baseia em dois pontos principais. O primeiro, que provém de maneira geral do século passado, é a universalização da educação popular. Em praticamente todos esses países todos os adultos completaram o primário, e a maioria também o secundário, paralelamente a uma formação técnico-profissional, sem contar uma apropriada parcela de pessoas com formação universitária. O segundo ponto que, de maneira geral, se concretiza após a Segunda Guerra Mundial como resultado do *Welfare State*, foi a considerável redução das brechas sociais. Nesses países o salário mais alto não é em média mais de 20 vezes superior ao salário mais baixo, freqüentemente apresentando proporções de 1 para 10 e até de 1 para 5. É nos países subdesenvolvidos que as proporções chegam a 1 para 200 ou até para 1.000.

A redução das brechas sociais para níveis aceitáveis, com a adequada proteção dos setores de baixa renda, gera uma sociedade onde todos são solidários com a boa administração. A universalização da educação popular proporciona às pessoas um entendimento satisfatório dos problemas coletivos que enfrentam, levando-as a opções racionais. Assim, está assegurada uma razoável compatibilização estável da legitimidade democrática com a racionalidade pública.

O segundo macroproblema de caráter socioempírico enfrentado por nossos tempos pode ser abordado de maneira extremamente simples. Trata-se do fato de que a sociedade industrial passou, nas últimas décadas, a um nível de agressão da biosfera crescentemente superior à sua capacidade espontânea de reequilíbrio. Os eflúvios poluidores lançados anualmente nas águas e no ar, bem como os efeitos produzidos sobre a camada protetora de ozônio, afetam severamente a ecologia do planeta. Calcula-se que provocarão danos irreversíveis num prazo muito curto, alguns dos quais, como o aquecimento do planeta, já se fazendo sentir, se não se adotar imediatamente uma série de medidas para a preservação da biosfera. Existe um consenso teórico mundial a esse respeito, a que se chegou durante a primeira deliberação importante que teve lugar durante a Rio-92, mas quase nada está sendo feito nesse sentido. O planeta corre o risco de tornar-se inabitável no século XXI.

O terceiro macroproblema também socioempírico pode ser abordado de maneira sintética. Trata-se do fato de que, devido a um déficit de racionalidade pública – além de outros fatores – a maioria do mundo continua em condições de grande atraso e subdesenvolvimento. No entanto, o mundo não será viável se continuar a existir a brecha Norte–Sul e grandes estratos de excluídos. As pressões migratórias do Sul para o Norte vão tornar-se tão irresistíveis quanto as pressões migratórias dos bárbaros sobre o Império Romano. O Norte – e neste os setores afluentes – enfrentam o dilema de serem incapazes de preservar, concomitantemente, seus valores civilizados e seu alto nível de prosperidade, se continuarem cercados por uma imensa e crescente população de miseráveis e ignorantes. Para frear as pressões migratórias e a criminalidade, ver-se-ão forçados a tomar medidas extremamente duras que implicam, direta ou indiretamente, em formas de genocídio, que afetarão seus valores internos. Para preservar esses valores, terão, ademais de problemas domésticos, de aceitar a entrada de migrantes do Sul em proporções desestabilizadoras.

O problema tornou-se nitidamente visível nos países europeus mais ricos e, em grande medida, também nos Estados Unidos. A única solução existente no plano internacional consiste na realização, pelo Norte, de um esforço sistemático, contando com o máximo apoio possível dos setores ilustrados do Sul, para a modernização e o desenvolvimento das sociedades subdesenvolvidas. Na prática isso implica uma combinação maciça da educação popular com maciça criação de empregos, mediante transferência de capital e tecnologia, bem como na implantação no Sul de um sério programa de disciplina demográfica. Sem subestimar as dificuldades práticas, existem razões teóricas e experimentais que justificam a convicção de que um esforço sério, e não meramente retórico como o atual, mediante o qual o Norte promova a modernização e o desenvolvimento do Sul, obrigará os dirigentes sulistas a tomar as necessárias medidas no que toca à educação popular e à disciplina demográfica. Medidas equivalentes são requeridas, no plano doméstico, para a incorporação dos setores marginalizados.

O quarto macroproblema socioempírico, supramencionado, em traços gerais, é bastante simples. Trata-se, em suma, do fato de que a planetarização das relações econômico-sociais do mundo contemporâneo, que conta com comunicações instantâneas e transportes velozes, não permite mais que os problemas coletivos da humanidade, além dos ecológicos, tais como aqueles relativos à saúde, educação, regulamentação de intercâmbios, sejam submetidos a uma infinidade de decisões nacionais soberanas. Os países do mundo contemporâneo convertem-se, quer o queiram ou não, em municípios da civilização planetária, e não podem deixar de delegar a um sistema internacional eficaz e eqüitativo a normatização e a administração dos grandes interesses coletivos da humanidade. As Nações Unidas foram criadas para esse fim, e podem fazê-lo se se alcançar o necessário consenso internacional que lhes confira os meios de ação necessários para tanto. Não o fazer submeterá o mundo a crescentes níveis de caos e de conflito, afetando a qualidade de vida de todos os países. Ao contrário, fazê-lo, conjuntamente com a implantação de uma política de modernização e desenvolvimento do Sul, levará, em prazos historicamente curtos, à universalização de uma boa qualidade de vida.

6. PODE-SE CRIAR UM NOVO HUMANISMO?

O grande problema ético-cultural, conducente ao nihilismo contemporâneo, a partir de Nietzsche, de Heidegger e dos pós-modernos, reside no fato de que somente um novo humanismo permitirá recuperar o valor do humano.

A pergunta sobre a possibilidade histórico-social da criação de um novo humanismo na sociedade tecnológica de massas, que não implique a mera sobrevivência residual da tradição do humanismo clássico, está vinculada, no que tange a seus requisitos empíricos, primordialmente às quatro questões precedentemente mencionadas.

Ademais do necessário atendimento, como pré-requisito empírico, dos quatro grandes problemas precedentemente mencionados, um novo social-humanismo não poderá ser uma mera reiteração do humanismo clássico, apesar de identificar-se com ele. Tampouco poderá ser uma mera reedição do socialismo democrático, que não conseguiu enfrentar a problemática da competitividade contemporânea.

O novo humanismo, para ter vigência e validez, terá de surgir de uma visão não harmoniosa do mundo, consciente de que o cosmos não tem sentido e de que a harmonia universal não existe. Consciente da instintividade do homem e dos condicionamentos da razão. O novo humanismo terá de ser intrinsecamente compatível com a ciência contemporânea e as atuais exigências tecnológicas da sociedade de massas.

Para um novo humanismo, a questão fundamental reside na deliberação, pelo homem contemporâneo, da reafirmação, com plena consciência científica, da dignidade do homem e do fato de deter uma liberdade racional que transcende os próprios fatores e as próprias circunstâncias de sua formação. Em vez de se formular, como no século XVIII, como resultante de uma harmonia universal, que sabemos não existir, terá, muito pelo contrário, de ser formulado como uma livre opção, pelo homem, da reconstrução racional e eqüitativa do mundo humano. O cosmos é estulto. Mas, num prazo extremamente prolongado, em termos humanos – embora brevíssimo em termos cósmicos – o homem poderá exercer sua liberdade racional sobre a terra e esta poderá, por livre determinação do homem, converter-se, graças à ação humana, num planeta inteligente e eqüitativo. Dentro do curto prazo astronômico e do longo prazo histórico, o homem é um semideus. Demiurgo de seu próprio habitat, poderá convertê-lo numa morada extremamente civilizada e decente para todos os homens.

A história nos revela a rotatividade das épocas construtivas e destrutivas. O Helenismo conseguiu, a partir da consciência e da afirmação do *logos*, reconstruir o mundo antigo em conformidade com seu projeto. O Cristianismo reconstruiu o mundo helênico-romano, bem como o bárbaro, numa nova dimensão de solidariedade. O Renascimento configurou um mundo dirigido pela *virtú* e pelo desejo do belo. A Ilustração superou os despotismos e as crenças obscurantistas, construindo um mundo luminoso.

A desestruturação do mundo, característica do ciclo cultural que surgiu no final do século XIX e predomina no nosso, pode ser substituída por um humanismo constituído por um novo projeto humano, orientado para a construção de um mundo inteligente e eqüitativo. A construção desse mundo converteu-se em condição necessária à sobrevivência das formas civilizadas de vida no planeta. Nada nos permite prognosticar que esse novo humanismo chegará a ser construído e a predominar. Muito pelo contrário, as tendências atuais inclinam-se na direção oposta. O possível novo humanismo não resultará de propensões predominantes observáveis em nosso tempo, e sim, precisamente, de uma rejeição racional-voluntarista dessas propensões. Uma rejeição necessária e possível, apesar de estatisticamente menos provável.

A História, todavia, é uma seqüência de rupturas de probabilidades, que ocorrem no momento em que aparecem novas macrocircunstâncias, tais como calamidades naturais (explosão da ilha de Tera), ou humanas (invasão de bárbaros), ou decisivas inovações tecnológicas (invenção da pólvora), bem como o surgimento de personalidades extraordinárias, tais como Moisés, Confúcio, Buda, Alexandre, São Paulo, Maomé, que mudam o paradigma vigente. O neo-humanismo, como um social-humanismo cientificamente lúcido e tecnologicamente eficaz, é tão improvável quanto indispensável e perfeitamente factível. Ter consciência destes aspectos é um passo dado em direção à sua instituição.

10

BREVE REFERÊNCIA
AOS DEUSES GREGOS

Como o poeta Hölderlin (1770–1843), quase acredito na existência dos deuses gregos. Por quê? Qual a causa desse profundo fascínio? Por que um brasileiro, escrevendo estas linhas em Petrópolis, nos albores do séculos XXI, experimenta essa profunda atração por Pallas Athenea e seus irmãos olímpicos, pelos Titans, pelas Musas, pelas Erinyas e pelas Moiras?

Questões desse tipo envolvem muitas dimensões. Uma primeira e principal é, obviamente, a paixão pela Grécia. Amar o mundo clássico significa, no fundamental, nele encontrar, em múltiplos sentidos, as expressões máximas do humano. Ora o mundo clássico significa, por um lado, essa extraordinária gesta que vai dos descendentes de Deucalion a Alexandre, de Homero a Eurípides, de Thales a Aristóteles e, por outro lado, essa fabulosa mitologia que vai de Gaia e Uranus aos Olímpicos e aos deuses chtonianos.

No âmbito do amor à Grécia, destaca-se o fascínio por seus deuses. Esse fascínio, mais uma vez, tem múltiplas causas. Mencionaria duas como particularmente relevantes. A causa mais imediata é o fato de os deuses gregos serem, principalmente, expressões antropomórficas das grandes qualidades e das grandes expectativas do homem. Assim Zeus, onipotente, representa o poder ordenador do mundo e dos homens. Apolo é a perfeição masculina, a luminosidade e a poesia. Atenas é a sabedoria. Afrodite, o amor, Dionísio, o extase e o vinho, Heracles, a força e o heroísmo.

A segunda razão tem a ver com o que eu denominaria de ateísmo transcendente. Para os que chegaram, filosoficamente, à convicção de que Deus não existe mas, ao mesmo tempo, acreditam em valores transcendentais – o Bem, a Justiça, a Verdade, o Belo – os deuses gregos personificam esses valores e constituem, miticamente, seus promotores e defensores. Tenho em meu escritório um lindo busto de Atenas, a quem rendo, diariamente, o equivalente a um culto. Não se trata, ainda que miticamente, de implorar sua proteção, porque não estão em jogo, por razões de elementar realismo, relações de causa e efeito. Trata-se de uma invocação inspiradora, como a dos poetas que apelam para a Musa.

Para um intelectual com minhas características pessoais, freqüentar, imaginativamente, os deuses gregos, é uma forma de imprimir a minhas elucubrações uma motivação transcendental.

Trata-se de um delicioso faz-de-conta, que me leva a pretender receber o apoio dos deuses para minhas iniciativas, conferindo-lhes uma validade superior a que tenham. É algo, por outro lado, que estreita minhas relações de identificação com a cultura clássica e com as figuras do panteon helênico-romano, com os pré-socráticos, notadamente Heráclito e Demócrito, com a tríade Sócrates, Platão, Aristóteles, como o mundo helenístico de Epicuro e Zeno e com o mundo romano, de Cícero e César a Sêneca e Marco Aurélio.

O que é extraordinário, nos deuses clássicos, é a fusão que neles se realiza entre o humano e o super-humano. Dispõem das qualidades super-humanas requeridas para os eternos habitantes do Olimpo. Mas se conservam profundamente humanos em suas motivações, com muitos dos defeitos do homem. Dispondo de um corpo super-humano, não padecem de limitações como o sofrimento físico, a doença, o envelhecimento e a morte. Tampouco estão sujeitos à gravidade e à cronologia, deslocando-se instantaneamente no espaço e no tempo. Mas padecem do amor e do ciúme, da inveja e da cólera e de expectativas que nem sempre logram realizar, como a paixão de Apolo por Daphne.

Os deuses gregos não prescrevem, salvo em termos muito genéricos, (basicamente contra a perfídia), uma conduta ética. Minha pessoal preocupação ética não decorre deles nem neles se baseia. O que deles decorre e neles se baseia é minha aspiração à excelência. Todos os deuses gregos são personificações de excelência nas qualidades que lhes são peculiares. Uma excelência para a qual estimulam os que protegem, como Atenas em relação a Odisseus. Uma excelência, por outro lado, que leva alguns a não suportar a de outrem, como Apolo sacrificando Marsyas por sua superior capacidade de tocar a flauta.

Além de poderoso estímulo os deuses gregos proporcionam indispensável apoio para a compreensão do mundo clássico. Como é sabido, o panteon helênico se transferiu aos romanos, alguns deuses conservando o mesmo nome, como Apolo, mas a maioria adquirindo nomes latinos, como Júpiter para Zeus, Diana para Ártemis, Baco para Dionísio. Conservaram, em sua versão romana, as características que ostentavam na helênica, embora, em alguns casos, tenham experimentado certa degradação, Vênus tornando-se mais sensual que Afrodite, Marte mais militar que Ares, Baco mais grosseiro que Dionísio, Vulcano, mais artesão do que Hefaisto.

O apelo aos deuses gregos, no quotidiano de nossos dias, é uma forma amável de referir circunstâncias superiores sem recorrer ao divino das religiões monoteístas. Assim *dei volendi*, em lugar de "se Deus quiser". O que torna particularmente simpático, para um ateu transcendente, a referência aos deuses, notadamente tomados no plural, é o fato de dessa forma se assinalar o que supera o correntemente humano sem se incidir em mitos sobrenaturais. Os deuses gregos são supremos entes da cultura, não objetos de fé.

II

ESTUDOS SOCIOLÓGICOS

11

SOCIEDADE E MUNDO EM PRINCÍPIOS DO SÉCULO XXI

O presente capítulo é uma breve tentativa de prospectiva em relação ao que possa se conceber como venha a ser o mundo e a sociedade, a partir de princípios do século XXI.

1. O QUE É PROSPECTIVA?

O que é atualmente, em termos objetivos, a prospectiva como disciplina? A prospectiva é uma disciplina que utiliza metodologia científica para determinar, mediante critérios apropriados para cada caso, futuros probabilísticos de maior generalidade. A primeira regra da prospectiva é que nenhum futuro específico é previsível, por mais imediato que seja. Podem-se fazer certas previsões a respeito da alta probabilidade de determinados desenvolvimentos científicos e tecnológicos. Aí o fator aleatório, conforme a natureza do caso, pode quase desaparecer. Mas os futuros humanos, os futuros concretos, são especificamente imprevisíveis. O previsível são generalidades que podem se dar em determinado período de tempo.

Uma prospectiva fundada em critérios científicos deve partir de um certo entendimento do processo histórico-social. Por que é possível prever certas coisas e não outras, relativamente ao processo histórico-social? É possível prever certas coisas e não outras em virtude do fato de que o processo social consiste, essencialmente, na combinação de quatro fatores: dois fatores de ordem estrutural e dois fatores de ordem conjuntural. Os fatores de ordem estrutural são os fatores reais, entendidos, incluída a natureza, no sentido em que Marx utilizava a idéia de fatores materiais; e os fatores ideais, a cultura, no seu amplo sentido socioantropológico. Por outro lado, os fatores conjunturais são a liberdade humana e o acaso. O que é previsível, para um certo período de tempo, de acordo com a natureza do objeto que está sendo analisado, é a probabilidade do comportamento de determinados fatores estruturais. Um dos mais previsíveis, por exemplo, é o fator demográfico, que permite prever, com uma margem extremamente alta de probabilidade, qual será a população de uma determinada sociedade dentro de um certo período, considerando as variáveis que comandam a análise demográfica. É possível, a partir de uma análise comparativa do crescimento econômico de uma certa sociedade, estimar a probabilidade de como se vá comportar o seu produto bruto em não remoto futuro período. Finalmente, é possível, em função da alta taxa de permanência das crenças, dos costumes, dos elementos que integram a cultura, nesse seu sentido socioantropológico, como tenderão a ser certos aspectos da conduta de uma sociedade, num período não excessivamente longínquo do futuro. O futuro específico, entretanto, é completamente imprevisível, porque ele decorre, dentro da armação que é constituída pelos fatores reais e os fatores ideais, de como a liberdade humana opere, tendo em vista a forma absolutamente imprevisível, casual, pela qual os elementos em jogo serão combinados. A combinação aleatória de fatores e a liberdade humana diante da combinação aleatória de fatores, tornam imprevisível o futuro específico. Nenhum futuro específico é previsível. Diversamente, as tendências estruturais são basicamente previsíveis. Pode se prever, em função de dados apropriados, que uma determinada sociedade esteja no caminho do seu desenvolvimento econômico ou, ao contrário, no caminho do declínio, ou que esteja no caminho do aumento ou decréscimo da população. Essas grandes variáveis estruturais são basicamente previsíveis.

São previsíveis para que tipo de coisa e por quanto tempo? A previsibilidade dos fatores estruturais tende a ser tanto maior quanto mais amplo o universo que se tem em vista. Os eventos de microssociedades são menos previsíveis do que os de macrossociedades. Por outra parte, a previsibilidade está marcada por uma limitação temporal. Nenhuma variável mantém indefinidamente sua direção e seu coeficiente de crescimento ou de decrescimento. Em virtude do fato de que as variáveis estão sujeitas ao que se poderia designar de câmbios paramentais, as próprias previsões estruturais não têm validade a prazo muito longo. Qual é o prazo razoável? Se se considerar uma sociedade grande, por exemplo, a brasileira, ou o mundo ocidental, ou o mundo em geral, o limite razoável, mais seguro de uma previsibilidade estrutural desse tipo é da ordem de dez anos.

Previsibilidades acima de trinta são altamente problemáticas, inclusive pelo fato de que, usando aí uma categoria de Ortega y Gasset, a sucessão das gerações, que ele estima, do ponto de vista sociológico, como se dando, em média, em ciclos de quinze anos, conduz à mudança das perspectivas segundo as quais os homens encaram as coisas. Enquanto uma certa geração está dominando uma sociedade, com certas características, certas previsões estruturais têm uma boa probabilidade de se realizarem. Quando se dá a renovação dessa geração dirigente por outra, já começam perspectivas distintas, que o futurólogo, no momento em que faz as previsões, não pode suspeitar quais venham a ser. Se alargarmos o período para trinta anos, que são duas gerações completas, já se ultrapassa completamente a probabilidade de qualquer acerto. A prospectiva científica – científica porque se baseia no uso das ciências – tem validade para previsões de caráter estrutural por prazos que vão confortavelmente até dez anos, e praticamente não além de trinta. Excetuam-se, parcialmente, dessa regra, previsões de caráter histórico, baseadas em apropriados precedentes históricos.

No caso deste estudo, intentar-se-á, assim, uma visão prospectiva para todo o século XXI a partir de uma perspectiva diferente. Tratar-se-á de estimar, em vista de apropriados precedentes históricos, macrotendências faseológicas para o século.

2. SOCIEDADE E MUNDO

Feita esta introdução, como podemos nos aproximar da tentativa de prever o curso das coisas de agora para as próximas décadas e para o século XXI em geral? Sustentaria que os eventos do mundo – e aí já estamos falando dessa macrorrealidade que é o mundo – os eventos do mundo vão ser predominantemente condicionados por duas principais condições. Uma, corresponde às condições que venham a regular a nova ordem mundial, em substituição da ordem bipolar que marcou o mundo do final da Segunda Guerra Mundial até a implosão da União Soviética, em 1991. Praticamente, a segunda metade do século XX foi marcada por essa bipolaridade. Essa bipolaridade implodiu, tornou-se uma monopolaridade. A partir daí, surge a questão de que tipo de ordem mundial se vai se substituir à ordem bipolar.

A outra condição determinante será o tipo de sociedade que venha a se tornar predominante. Existem, em cada período histórico, sociedades predominantes e, nessas sociedades predominantes, predominam certos modelos de sociedade. Os modelos que venham a se configurar nas sociedades predominantes e, por outro lado, a nova ordem mundial que venha a se configurar, na substituição da bipolaridade, são os dois extremos fatores condicionantes. Analisemos rapidamente esses dois principais aspectos, para em seguida tentarmos nos aproximar do caso específico do Brasil.

Atualmente, o mundo se depara com uma extraordinária diversidade de tipos de sociedades. Desde um certo ângulo classificatório, temos sociedades modernas, sociedades tradicionais e um resíduo pequeno, mas que não pode ser ignorado, de sociedades primitivas. Por outro lado, relativamente às culturas organizatórias dessas sociedades, temos grandes complexos culturais; o complexo ocidental, com sua variante nipônica, o complexo ortodoxo, o complexo islâmico, o complexo hinduísta, o complexo búdico, e finalmente, o complexo chinês. Temos, ademais, a polaridade entre sociedades desenvolvidas e sociedades subdesenvolvidas. Essas várias linhas ou ângulos classificatórios conduzem, no final das contas, à existência de certas sociedades que constituem os chamados países centrais, ou seja, os países europeus, Estados Unidos, Japão, incipientemente a China e, de uma maneira relativa, América Latina, Rússia e alguns países afro-asiáticos que pertencem ao sistema de sociedades modernas em sentido amplo. Essas sociedades estão marcadas por duas características decisivas, que são o legado do século XX para o novo século. Elas são sociedades democráticas de massas, ou sociedades autoritárias de massas, mas todas são sociedades de massas. Por outro lado, em grau ainda um pouco menos generalizado do que a condição de massa, mas claramente em vias de se generalizar, são sociedades de consumo, totalmente de consumo no mundo ocidental, já hoje no mundo japonês, crescentemente de consumo no mundo afro-asiático e no mundo latino-americano.

Estas sociedades consumistas de massas, que são a característica da sociedade contemporânea, estão marcadas por crescentes formas de hipertrofia do consumismo, conduzindo ao que se poderia chamar de um consumismo intransitivo. Uma das tendências observáveis em tais sociedades, é a conversão do consumo em finalidade de si própria. Vamos considerar, por exemplo, qual era o ideal de um *gentleman* inglês do século XVIII. Ele queria o seu conforto, mas estava a serviço de certas idéias, estava a serviço de uma visão anglicana da religião cristã, estava a serviço da expansão da influência inglesa em detrimento dos resíduos dos impérios espanhol e francês. Estava interessado na expansão mercantil e industrial. Estava motivado pela sua participação, de formas variáveis, em uma série de objetivos que transcendiam completamente sua personalidade e sua própria margem de conforto, tanto é que tais pessoas estavam preparadas, dadas certas condições, a se sacrificarem pessoalmente por esses ideais. Contrastando com isto nos deparamos, presentemente, com a perda de validade das religiões, sobretudo no sentido de religiões racionais de postulação da existência de um transcendente divino. Existem religiões ritualísticas, que fazem parte dos fenômenos de psicologia de massa, mas não são, estritamente falando, fenômenos religiosos; e muitas religiões ou chamadas igrejas, atualmente, na verdade, são formas dignificadas de candomblé. Perdeu-se a convicção, em termos racionais, na existência de um absoluto divino, orientador do mundo, da vida e do destino final do homem. A desvalorização das ideologias que marcaram os grandes conflitos do passado século, como a grande esperança do socialismo ou as ilusões do fascismo, todas essas coisas ficaram extremamente erodidas. A erosão dos valores transcendentes e dos valores transcendentais está conduzindo a uma forma crescente de intransitividade consumista, erigindo-se o consumo como finalidade última do homem.

Ao homem lhe é dado um curto espaço de vida. Nesse curto espaço de vida, para o consumismo de nosso tempo, o que importa é procurar o máximo de conforto, de gozo material e eventualmente psicológico, que as condições permitam. Esta idéia do consumo e esta forma radical de consumismo, que é o consumismo intransitivo, caracterizam a cultura contemporânea. O que é o pós-modernismo? O pós-modernismo, a partir da crítica heideggeriana dos valores filosóficos, da crítica nietzschiana da existência de Deus, conduz à denegação de qualquer critério dotado de validade universal, levando a um relativismo absoluto, ao hiper-relativismo.

É interessante recordar que Sorokin sustenta que as sociedades emergem para a história com uma cultura ideacional, a crença nos deuses ou num Deus, uma visão mitológica do sagrado e a sacralidade domina a totalidade das instituições sociais. O homem vive pelo sagrado, para o sagrado e em função do sagrado. Entretanto, processos crescentes de racionalização que correspondem, na verdade, a processos de modernização, que estão longe de serem processos contemporâneos – os processos de modernização acompanharam todas as civilizações, desde a Mesopotâmia, e são um fenômeno recorrente da história – introduzem critérios de racionalidade operacional cada vez mais exigentes e começam a demonstrar a inviabilidade de se acreditar mitologicamente no sagrado. Então, há uma desmitologização do mundo, dos deuses, e uma tendência a se substituir uma visão mitológica por uma visão racional, uma mitologia por uma teologia. Surge o que o Sorokin chama de períodos idealistas, onde há o equilíbrio entre uma forte crença remanescente no Divino e por outro lado a exigência de que essa crença e todas as demais se realizem segundo uma forma racional de apreciação, de exposição, de análise. O processo de modernização continuando o seu caminho, as culturas idealistas passam a ser submetidas a demandas cada vez mais exigentes de rigor analítico e de comprovação empírica. Não se trata mais de raciocinar a partir de um *a priori* supostamente dotado de universalidade, mas de inferir, a partir da experimentação, as relações que os fatos em si empiricamente contenham. Surgem o que Sorokin chama de culturas sensoriais, fundadas nos sentidos. Esse processo leva no último limite da crítica, à cultura hipersensorial, à cultura que nós estamos vivendo. Segundo Sorokin, as culturas hipersensoriais não se sustentam a si próprias, se autodestroem. Aí surge um novo ciclo de cultura ideacional, idealista, etc.

Não é propósito deste estudo analisar mais detidamente o pensamento de Sorokin, nem tampouco a argumentação em que essa circularidade se postula – embora, apresente para isso considerável massa de dados – possa, examinada com rigor, ser convalidada. Creio que Sorokin não comprova suficientemente a característica cíclica do seu sistema. Mas creio que ele tem razão quando aponta a não-sustentabilidade de uma cultura totalmente relativizada. A partir do momento em que tudo fica relativo e nada permite um critério de julgamento, de se é verdade ou não alguma coisa, nesse momento as sociedades perdem sua auto-sustentabilidade. Creio que, realmente, este é um problema com o qual se está defrontando a sociedade atual.

3. PERSPECTIVA PARA O SÉCULO XXI

Legado do século XX

O século XX foi um século de grandes revoluções. Com ele se implantou a sociedade de massas – a rebelião das massas de que fala Ortega – conduzindo, no fim do século, à generalização de democracias de massas. Com ele foram derrocados inúmeros interditos sociais, gerando-se movimentos emancipatórios nos domínios da sexualidade, das hierarquias, da família, dos valores e das artes. Foi o século das grandes revoluções políticas, conduzindo à implantação do Comunismo, do Fascismo e do Nazismo. Foi também o século da grande revolução científica e tecnológica, com Einstein, Heisenberg, a biologia molecular, a cibernética, a energia nuclear, a telemática, os mísseis, a exploração do espaço.

O legado do século XX ao XXI apresenta, assim, um quadro extremamente complexo e contraditório. Quase tudo se tornou possível e factível. A sociedade, porém, rompidas as precedentes regulações, ficou submetida à caótica explosão de emancipações descoordenadas, com alarmante perda de regulabilidade e decorrente incremento da criminalidade. O século terminou com extraordinária ampliação do que científica e tecnicamente se possa fazer e com grave redução da auto-sustentabilidade da sociedade e da viabilidade do mundo. Se a tarefa do século XX resultou ser, em última análise, a desconstrução das certezas do século XIX, a tarefa, de que não poderá se eximir o século XXI, como condição de possibilidade de preservação da sociedade, terá de ser a reconstrução da regulabilidade social e da viabilidade do mundo.

Reconstrução da sociedade e da cultura

Muitas convenções sociais são arbitrárias. Muitas outras, entretanto, constituem formas, não necessariamente exclusivas, de estabelecer parâmetros e padrões de cujo regular atendimento depende a possibilidade de modalidades ordenadas de vida social. O regular funcionamento das sociedades requer que os mais relevantes desses requisitos de sua viabilidade sejam amplamente internalizados pelos respectivos membros. É o que assegura a auto-regulabilidade de uma sociedade. Sem embargo da necessidade, em todas as sociedades, de regulações supra-individuais, estabelecidas pelo poder público ou por outras autoridades, nenhuma sociedade pode ser exclusivamente regulada por normas externas mas todas requerem, predominantemente, um satisfatório regime de auto-regulação. O século XX, com a derrocada de tantos interditos sociais e a desordenada explosão de inúmeras emancipações, conjuntamente com o descrédito nietzschiano dos valores transcendentes (morte de Deus) e pós-moderno dos valores transcendentais (denegação de critérios objetivos de aferição do verdadeiro, do belo, do justo e do bom), gerou uma cultura e uma sociedade tendentes, no limite, a perder sua auto-sustentabilidade.

Há diversas possibilidades no tocante à modalidade pela qual venha a se proceder, em termos de ampla aceitação, à recuperação da auto-regulabilidade da sociedade e da autovalidação da cultura contemporâneas. Sorokin (*Social and Cultural Dynamics* (1941), 1959) sustenta, com base em ampla ilustração empírica, uma reformulação da teoria de Vico. Segundo Sorokin as culturas estão submetidas a um processo circular que conduz, de uma originária fase ideacional, baseada em mitos a respeito do divino, a uma fase idealista, baseada em teologias racionais, a uma fase sensorial, baseada em critérios empírico-analíticos. Esta resvala para uma fase hipersensorial, onde a completa relativização de todos os valores conduz à perda de critérios objetivos para a determinação do verdadeiro, do belo, do justo e do bom. Tal fase conduz as sociedades a perderem sua auto-sustentabilidade. Na crise daí decorrente, segundo Sorokin, ressurge uma nova fase ideacional.

O século XX certamente ingressou, em suas últimas décadas, numa fase hipersensorial, com as características assinaladas por Sorokin. É discutível, entretanto, se a resultante crise de auto-sustentabilidade conduzirá a sociedade contemporânea, como previu Sorokin, a nova fase ideacional. O que não parece discutível é o fato de que a crescente crise de auto-sustentabilidade da sociedade contemporânea não poderá se prolongar indefinidamente. A perda de valores transcendentes, se não se recuperar a crença em Deus, terá de ser recuperada através de novas formas de um humanismo de caráter social e ecológico. A perda de valores transcendentais, se não se retornar a convicções filosóficas da primeira metade do século XX, terá de se basear em novos critérios de fundamentação objetiva desses valores, de forma equivalente aos empregados nas ciências exatas.

O século XXI se defrontará, como condição de possibilidade para assegurar uma vida social civilizada e apta a atender às necessidades psicofísicas do homem, com o imperativo de reconstruir e amplamente internalizar modalidades objetivas de recuperação da efetiva credibilidade dos valores transcendentes (ainda que não religiosos) e transcendentais, ainda que com fundamentação distinta da do início do século XX.

Por outro lado, o mundo unificado pela tecnologia, pelo processo de globalização e pela intercomunicabilidade de todos os interesses gerais, necessitará gerar uma ordem mundial satisfatoriamente racional e eqüitativa, fora da qual nenhum equilíbrio estável será possível. Essa ordem mundial, que designaremos de *Pax Universalis*, genialmente prevista por Kant (Paz Perpétua), em fins do século XVIII, tendo assumido caráter ainda mais imperativo nas condições contemporâneas, que tornam possível a implosão nuclear do mundo, se apresenta, todavia, ao se iniciar o século XXI, como um objetivo remoto, senão utópico. O que parece estar se consolidando é uma *Pax Americana* que, embora decorrente da hegemonia de uma potência tendencialmente benigna, conduz a uma forma organizatória do mundo não consensual, desapoiada pela maioria da população mundial e sem dúvida privada de satisfatório nível de racionalidade e de equitabilidade. O século XXI se defrontará, assim, com o problema não apenas de evitar que se deflagre um conflito mundial suicida, mas com a inescapável necessidade de lograr, finalmente, instituir uma *Pax Universalis*.

Fases do processo

Nas linhas que se seguem intentar-se-á prever, probabilisticamente, o curso de três sucessivas fases para o século XXI, a despeito da prudente limitação de trinta anos, a partir da suposição de que observações históricas precedentes permitam tal exercício.

É razoável supor-se, relativamente ao século que se está iniciando, que seu curso passe por três principais fases. A perspectiva triádica faz parte, sem dúvida, de uma certa forma de conceber a realidade, desde o pensamento clássico ao hegeliano e de diversas modalidades do pensamento pós-hegeliano. Sem prejuízo dessa perspectiva lógico-ontológica, entretanto, a suposição de que três principais fases venham a se diferenciar no século entrante é aqui assumida por motivos empíricos, em função da observação de como épocas precedentes se desenvolveram e processaram o legado recebido da época anterior.

Reagindo ao sectarismo dogmático do século XVII e suas guerras de religião o século XVIII se iniciou, a partir de Fontenelle, com a proposta de uma visão ilustrada, tolerante e racional do mundo. O segundo terço do século conduz ao projeto, efetivado em casos como os da França de Luís XIV, da Prússia de Frederico II (embora contido nos limites do Estado de Direito) e de diversos outros reinos, da instituição de monarquias absolutas, intento esse que os Stuarts, na Inglaterra, não lograram realizar. A última parte do século é marcada pelo espírito crítico, inspirado por Voltaire e Rousseau e conduzirá às revoluções Americana e Francesa.

O século XIX, passado o interlúdio napoleônico, institui, em sua primeira fase, com o Congresso de Viena, o legitimismo monárquico autoritário de Metternich. A segunda fase é libertária, com a Revolução Francesa de 1830, o reformismo britânico, os movimentos ainda mais radicais da década de 40, o reformismo russo dos anos 60. O final do século retorna a um conservadorismo autoritário, com Napoleão III, Bismarck e o reacionarismo de Tzar Alexandre III.

O século XX se inicia com um liberalismo socializante do *Front Populaire*, da República de Weimar, da Itália de Giolitti e com o projeto, com a Revolução Russa, de instituição de uma sociedade igualitária e justa. A fase subseqüente será marcada pela emergência do Fascismo e do Nazismo e pela consolidação, na Rússia de Stalin, da tendência dogmático-totalitária já observável com Lenin. O século termina com a restauração da ideologia democrática, o colapso do comunismo soviético e a difusão pós-moderna de uma cultura nihilista.

Primeira fase

Como precedentemente se mencionou, o século XXI terá de se confrontar, inicialmente, com o imperativo de recuperar a auto-sustentabilidade da sociedade contemporânea, afetada pela perda de auto-regulabilidade decorrente da derrocada de inúmeras precedentes interdições sociais, e da explosão desordenada de ampla gama de emancipações e, no plano da cultura, da perda de valores transcendentes e transcendentais.

Não se pode antecipar de que forma se encaminhará o processo de reconstrução social e cultural que tenderá a caracterizar a primeira fase do século entrante. Dificilmente tal processo consistirá num simples retorno às modalidades que tiveram vigência na primeira fase do século XX. Os valores transcendentes, decorrentes, fundamentalmente, da transcendência da liberdade racional do homem, dificilmente poderão voltar a se fundamentar em uma nova crença em Deus, quando o pensamento moderno conduz, precisamente, à constatação de que a construção da idéia de Deus é que decorre da transcendência humana. É de supor-se, assim, que uma nova concepção da transcendência se fundamente em um novo humanismo. Um humanismo da era da sociedade tecnológica de massas, que terá de se diferenciar do humanismo individualista dos gregos a Goethe e a Cassirer e de assumir características de um humanismo social e ecológico.

É igualmente difícil presumir-se que um novo transcendentalismo retorne às posições do neokantismo e do culturalismo de princípios do século XX, a despeito de aspectos permanentes contidos naquele pensamento. Um novo transcendentalismo terá de decorrer dos critérios de aferição objetiva da verdade empregados pela ciência contemporânea, de caráter estocástico e não mais apodítico. Critérios esses, todavia, que nada têm a ver com o hiper-relativismo nihilista do pensamento pós-moderno de fins do século XX.

A complexa e globalizada sociedade tecnológica de massas de princípios do século XXI, ademais de requerer novos fundamentos culturais, que superem o hiper-relativismo nihilista da cultura pós-moderna, exigirá valores e formas de procedimento que se sobreponham a um total consumismo intransitivo. Que parâmetros e padrões de conduta tornarão possível a confiabilidade da administração dessa complexa sociedade é uma questão a que antecipadamente não se pode responder. Pode-se, apenas, considerar que tais padrões terão de apresentar características não aleatórias e altamente previsíveis, de sorte a imprimir, de forma durável e universal, confiabilidade ao sistema.

Uma analogia com o mundo helenístico-romano e a forma pela qual, naquele universo, o consumismo intransitivo de amplos setores da elite coexistiu com a severidade estóica de minorias que, naquelas condições, lograram por muitos séculos sustentar a civilização clássica, proporciona indicações da possibilidade de equivalentes coexistências, na sociedade consumista de massas do mundo contemporâneo.

Ademais da reconstrução da auto-sustentabilidade da sociedade e da cultura contemporâneas, o século XXI se defrontará com o imperativo de construir (mais bem do que reconstruir) uma ordenação racional e eqüitativa do mundo. O mundo nunca foi submetido a uma ordenação racional e eqüitativa, embora a ecúmena clássica tenha encontrado no Império Romano, de Augusto a Marco Aurélio (27 a.C. a 180 d.C.), dois séculos de uma ordenação racional satisfatoriamente eqüitativa para as condições culturais da época. Somente com a Idade Moderna, entretanto, o mundo veio a se unificar, o que o presente processo de globalização está conduzindo às últimas conseqüências. Esse mundo econômica e tecnicamente globalizado requer uma correspondente ordenação institucional. Um precário equilíbrio bipolar regulou o mundo no curso da segunda metade do século XX. Rompido esse equilíbrio com a implosão da União Soviética em 1991, restou apenas uma superpotência que vem exercendo uma crescente hegemonia mundial, gerando um sistema organizatório do mundo que cabe designar de *Pax Americana*.

Não é propósito do presente estudo analisar a *Pax Americana*. Importa apenas assinalar dois de seus aspectos. O primeiro é o de que o Império Americano, ora em processo de expansão e consolidação, se distingue dos impérios históricos, do Romano ao Britânico, pelo fato de não pretender se institucionalizar, se configurar como um império e impor sua soberania sobre os territórios sob seu controle ou influência, em substituição e detrimento da soberania dos Estados que os governavam. O Império Americano é, por um lado, um "campo", um âmbito em que se desenrola a ação dos Estados Unidos. Por outro lado, um regime de condicionamentos. Esse "império" se exerce, precisamente, através das preexistentes instituições reguladoras dos territórios inseridos em seu "campo", condicionando-as a se ajustar a certos parâmetros, padrões e objetivos. Estes consistem na extrapolação do regime jurídico-cultural dos Estados Unidos e na imposição, raramente por forma abertamente coercitiva, de normas que abram os territórios do império à atuação das empresas americanas e ao livre acesso a seus bens e serviços.

O segundo aspecto a destacar, com relação à *Pax Americana*, é o fato de que, embora tendencialmente benigna, ela se confronta com variáveis graus de rejeição por parte dos povos das "províncias". Tal situação contrasta com a do Império Romano que, na sua fase de apogeu – passadas as violências e arbitrariedades do período inicial da conquista – instituía com o *jus gentium* e o *praetor peregrinus* uma ordem jurídica racional e eqüitativa, bem recebida (com exceção do caso da Judéia) pelas elites e classes médias das províncias.

Pax Americana, por outro lado, se defronta com amplas áreas em que não logra se impor. É o caso, em primeiro lugar, da China, mas em apreciável medida da Rússia, de países-chave do mundo islâmico, como Irã e o da Índia. Esse *bunker* não submetido ou insuficientemente submetido à *Pax Americana* não dispõe, presentemente, de condições de a ela se opor mas apenas de a ela resistir. Como adiante se observará, entretanto, tudo indica que essa situação tende a se modificar no curso do tempo e parece caminhar para a consolidação, em meados do século XXI, de um sistema antiamericano gerador de uma nova bipolaridade no mundo.

Todas essas circunstâncias e características revelam o fato de que o processo de globalização, ao se iniciar o século XXI, não logrou um correspondente regime institucional que, de alguma forma, terá de ser alcançado, por exigência da própria viabilidade do mundo.

Segunda fase

Admitindo-se que a primeira fase do século XXI ostente as características básicas precedentemente indicadas, é de supor-se que a segunda fase apresente duas principais facetas. A primeira tenderá a consistir na consolidação da nova modalidade de sociedade e de cultura gerada na fase anterior. A segunda, tenderá a converter em oposição a precedente resistência à *Pax Americana* apresentada pela China e eventualmente outros países.

Como já foi observado, a reconstrução de condições de auto-sustentabilidade social e cultural, na primeira fase do século entrante, dificilmente poderá consistir num retorno aos padrões da primeira metade do século XX. Se é certo que sociedade e cultura requerem fundamentos objetivos para sua auto-sustentação, não é menos verdade o fato de que os fundamentos tradicionais da transcendência e da transcendentalidade foram seriamente afetados pelas críticas de Marx, Nietzsche, Freud e Heidegger, entre outros.

A recuperação dos valores transcendentes e transcendentais, nas condições da sociedade tecnológica consumista de massas, tenderá a se constituir em função das necessidades de sobrevivência dessa própria sociedade. Somente um novo humanismo, com forte orientação social e ecológica, poderá restaurar valores transcendentes no âmbito imanentista da cultura contemporânea. Somente uma nova fundamentação apoiada nos critérios da ciência contemporânea poderá restaurar os valores transcendentais de um mundo globalmente tecnológico. O resultado dessas reconstruções, portanto, parece ter de se encaminhar na formação de um humanismo tecnológico de caráter social-ecológico.

Como tudo o que se refere ao futuro, é impossível antecipar aquilo em que venha especificamente a consistir esse novo humanismo. Pode-se conceber que ele venha a estabelecer uma relação de convivência, entre o humano e o técnico, equivalente ao que, no humanismo da era pré-técnica, foi o regime de convivência entre o homem e a natureza. Pode-se igualmente presumir que um novo humanismo social será incompatível com as formas de exclusão que foram toleradas, se não justificadas, pelo humanismo individualista, como a escravidão, no mundo clássico, a miséria proletária, no mundo burguês, e a dos povos e grupos periféricos, no mundo moderno. Se o relacionamento entre o humanismo individualista e os excluídos foi mitigado, em modesta proporção, pela compaixão estóica e pela caridade cristã, o relacionamento entre povos e grupos, no humanismo tecnológico de caráter social-ecológico, deverá tender a um relacionamento globalmente includente, ditado por seus próprios requisitos homeostáticos, dentro de um regime muito menos inequalitário.

A outra faceta da segunda fase do século entrante se apresenta com características que parecem se revestir de elevada probabilidade. Com efeito, na medida em que China e outros integrantes do *bunker* resistente à *Pax Americana* logrem preservar sua autonomia e significativas taxas de desenvolvimento, ambas hipóteses bastante prováveis, nessa mesma medida um país como a China tenderá a alcançar um nível de satisfatória eqüipolência com os Estados Unidos em meados do século XXI.

A China se destaca, entre todos os outros países, por sua população, homogeneidade básica, com nível de desenvolvimento de ponta já alcançado em princípios do século XXI e outras características, como núcleo de uma futura bipolaridade com os Estados Unidos. Permanecem em aberto duas outras questões. Por um lado, no que se refere ao horizonte de meados do século XXI, a questão de se, ademais da China, países como Rússia, Índia, Irã, ou outros, também se inserirão num relacionamento de oposição à *Pax Americana*. Por outro lado, a questão de se saber se a futura nova bipolaridade se formará mediante a coalizão, com China, no pólo antiamericano, de um ou mais desses países, ou se, diversamente, se formará, notadamente em função da Rússia, um sistema multipolar, semelhante ao de princípios do século XX.

Como se tem reiterado neste estudo, antecipações a esse respeito são impossíveis. Cabe apenas observar o fato de que o poder americano, longe de se estabilizar no nível que ostenta ao se encerrar o século XX, continuará crescendo, embora, provavelmente, a taxas inferiores às do crescimento chinês. Isto significa, entre outras conseqüências, que as condições de uma oposição eficaz à *Pax Americana*, mesmo no horizonte de meados do século XXI, só parece que venha a ser possível na medida em que se forme uma estável coalizão entre as futuras potências resistentes à *Pax Americana*.

Terceira fase

A partir das características presumidas para a segunda fase do século XXI ter-se-á, para a terceira fase, o fato de que seu curso e suas características dependerão do modo pelo qual tenha se desenrolado a fase precedente. A história mostra que novos modelos de sociedade e de cultura estão sujeitos a subseqüentes processos de consolidação ou, reversamente, de crise e contestação, na medida em que tenham ou não sido exitosos. O dogmatismo religioso e dinástico do século XVII, com os horrores da Guerra dos Trinta Anos, gerou, na época seguinte, um forte repúdio a todas as modalidades de dogmatismo, conduzindo à tolerância e ao espírito racional da Ilustração. Diversamente, o êxito da sociedade ilustrada levou a do século XIX a preservar as características básicas da anterior.

Se o humanismo tecnológico de caráter social-ecológico presumido para a segunda fase do século XXI resultar exitoso, como em princípio seria de supor-se venha a ocorrer, a terceira fase tenderá a consolidar esse modelo e ampliar sua abrangência. Opostamente, se o modelo não venha a ser exitoso, o final do século XXI tenderá a submetê-lo a uma revisão crítica, senão a um profundo repúdio. Em favor do que é algo de absolutamente imprevisível.

Mais previsível, ainda que, como tudo no campo da prospectiva, de forma tentativa e meramente probabilística, é conceber-se o que tenderá a ser o desenvolvimento da nova bipolaridade, caso esta venha a se configurar. Uma bipolaridade, na segunda metade do século terá, necessariamente, de ostentar características infinitamente mais perigosas e graves do que a polaridade americano-soviética da segunda metade do século XX. É ocioso salientar o fato de que o nível de letalidade dos equipamentos militares, na segunda metade do século XXI, será incomparavelmente superior ao que apresentava no confronto americano-soviético. Supor que venha a se formar uma nova bipolaridade implica admitir-se que cada um dos pólos antagônicos disporá de muitas vezes mais do que o necessário para exterminar não apenas o outro, mas a totalidade da vida no planeta.

O impasse resultante de uma recíproca, automática e inevitável capacidade de mútuo extermínio tenderá a conduzir uma futura nova bipolaridade à mesma lógica de convivência antagônica que caracterizou a bipolaridade americano-soviética. Não é de se excluir, como ocorreu com essa primeira bipolaridade, que as tensões de uma prolongada coexistência antagônica minem a capacidade de sustentação de um dos contendores, conduzindo o mundo, assim, ao que seria a definitiva monopolaridade da potência remanescente.

Outra possibilidade, eventualmente mais provável, seria a de uma prolongada bipolaridade. Em tal caso, é provável, como também ocorreu, em parte, no caso americano-soviético, que se gere uma cultura da convivência antagônica, tendente a evoluir para uma vigilante convivência pacífica.

São múltiplas as possibilidades de encaminhamento de um futuro novo processo de bipolaridade. Em última análise, entretanto, pode-se presumir a hipótese de que a longo prazo tal regime ou termine com um desfecho mundialmente suicida, eventualmente até por razões não deliberadas, ou termine conduzindo a formas crescentemente cooperativas de organização do mundo, cujo desfecho final terá de ser a instituição de uma estável *Pax Universalis*.

Breves reflexões sobre o tema

Cenários prospectivos são sempre hipotéticos e, na melhor das hipóteses, probabilísticos. Raramente, a partir de uma determinada situação existente, se pode, prospectivamente, admitir um único cenário para seu futuro desenvolvimento. No caso do presente estudo, o único cenário probabilístico presumido para o século XXI, notadamente com relação a sua primeira fase, decorre do fato de que o objetivo em vista não foi o de explorar, prospectivamente, as principais possibilidades do trânsito do século XX para o XXI. O objetivo em vista foi o de, a partir, dentre os cenários possíveis, do que se considerou como o mais provável, construir o decorrente curso do século XXI, para permitir, na terceira e última parte do estudo, uma breve análise da problemática com que, ante tal cenário, se confrontaria (e probabilisticamente tenderá a se confrontar) um país como o Brasil.

Vale mencionar, a respeito da hipótese de formação de um novo futuro bipolarismo, em meados do século XXI, que essa hipótese (ademais de bastante provável) foi admitida em vista de sua extraordinária importância heurística. Importa, a esse respeito, levar em conta dois principais aspectos da questão, não abordados no texto, para não o tornar demasiado complexo. São eles: (1) sustentação, a longo prazo, pela China, de altas taxas de desenvolvimento, de sua unidade nacional e de sua persistência em se tornar uma futura superpotência; (2) não-disponibilidade de condições internacionais, por parte dos Estados Unidos, a partir do momento em que o desenvolvimento chinês se tornasse preocupante, de meios internacionalmente aceitáveis para inibir preventivamente o prosseguimento desse desenvolvimento, como precedentemente ocorreu quando os Estados Unidos se confrontaram com o início da nuclearização soviética.

Uma terceira consideração a se fazer, relativamente à precedente prospectiva do século XXI, é registrar o fato de que ela se baseia em determinada análise a partir das características apresentadas, nas últimas décadas do século XX, pela sociedade e pela cultura contemporâneas. Daí a análise relacionada com a tendencial perda de auto-sustentabilidade da cultura pós-moderna e da sociedade de consumismo intransitivo. Dessas características é que provém a construção do cenário correspondente à primeira fase do século XXI e as decorrências que dessa fase resultam para as seguintes.

Uma consideração final se refere à *Pax Universalis*. É a mesma entendida, por um lado, como a modalidade correspondente, nas condições de nosso tempo, ao que representava, nas condições do século XVIII, o conceito da *Paz Perpétua*, para Kant. Por outro lado, a idéia de *Pax Universalis* abriga a constatação de que, nas condições de um mundo tecnologicamente globalizado, somente uma ordenação racional e eqüitativa do conjunto do mundo dispõe da possibilidade de lhe assegurar um equilíbrio estável, conveniente para todos e única alternativa para uma auto-aniquilação do mundo.

4. REQUISITOS PARA O BRASIL

Pré-requisito

O Brasil, ao se encerrar o século XX, se encontra extremamente despreparado para enfrentar seus desafios no novo século. Não se trata, apenas, embora também, do fato de o país – contrariando as expectativas dos anos 1950 e 1960 – ingressar no século XXI sem ter sido capaz de superar seu renitente subdesenvolvimento. Embora grave, essa limitação não é fatal. O país já atingiu um nível suficiente para, ainda que retardatariamente, alcançar esse antigo objetivo dentro de um par de décadas se adotar, consistentemente, as medidas para tal requeridas. É certo que o prazo histórico para que nações do Terceiro Mundo superem seu subdesenvolvimento de forma autônoma e soberana tende, neste novo século, a se encurtar aceleradamente, um prazo da ordem de vinte anos provavelmente, se conserva, por um lado, dentro dos limites do que ainda lhes seja internacionalmente permissível e, por outro lado, para um país como o Brasil, dentro do domesticamente exeqüível.

Mencione-se, a esse respeito, o fato de que o que está efetivamente em jogo, nesta questão, é a possibilidade de um país superar seu subdesenvolvimento de forma basicamente autônoma, no exercício da margem de soberania permissível nas condições internacionais de princípios do século XXI. O processo de globalização, precedentemente discutido, bem como o da provável consolidação e ampliação da *Pax Americana*, no curso da primeira metade do século XXI, tenderão a restringir significativamente, se não decisivamente, as possibilidades de um desenvolvimento nacional autônomo. A internacionalização dos processos de desenvolvimento, em predominante medida correspondendo, para o período em apreço, a sua americanização, tenderá a converter tais processos em um ajustamento territorial das economias locais às conveniências da economia hegemônica, convertendo os correspondentes territórios em segmentos do mercado internacional. Só preservarão significativas margens de autonomia interna os países que ingressarem na primeira metade do século XXI já tendo atingido um elevado nível de desenvolvimento e de auto-regulabilidade de sua economia, como os países da Europa Ocidental. E mesmo assim se preservarem satisfatória margem de autonomia externa – ademais de interna – como, uma vez mais, os países da Europa Ocidental lograram alcançar com a União Européia.

Daí a urgência de que se reveste a necessidade da mais acelerada possível promoção de um desenvolvimento nacional, como nacional, ao se iniciar o século XXI. A estimativa de vinte anos como prazo limite para a permissibilidade internacional de tal iniciativa, ao se iniciar o novo século, corre o risco de ser demasiado otimista. Pode-se seguramente asseverar que a exeqüibilidade de um desenvolvimento nacional, dentro desse prazo, depende, por um lado, de se iniciar o processo o mais pronta e energicamente possível. Por outro lado, na medida em que o país que intente fazê-lo disponha de suficiente massa crítica de fatores de poder e de satisfatórias articulações internacionais. Tal parece ser o caso do Brasil, doméstica e internacionalmente, no âmbito do Mercosul e de outras convenientes articulações internacionais. Desta última questão se tratará, brevemente, em subseqüente tópico deste estudo.

Ademais de seu persistente subdesenvolvimento, o que torna o Brasil despreparado para enfrentar os desafios do século XXI é o fato de o país, como um todo, incluídas suas elites dirigentes, não ter consciência nem dos requisitos fundamentais para enfrentar o novo século, nem da extrema urgência para que sejam atendidos os requisitos iniciais para tal necessários, sob pena de se perder o ainda disponível curto prazo histórico para alcançar a desejada meta.

O mais importante pré-requisito para a viabilidade nacional brasileira, ao se iniciar o século XXI, consiste em tomar consciência das condições básicas para tal necessárias e formar, em torno dessa constatação e do propósito de lhes dar consistente atendimento, um amplo consenso nacional.

A mais importante diferença entre os países nacionalmente viáveis e os destituídos de suficiente viabilidade nacional não se encontra, principalmente, em seus diferenciais níveis de desenvolvimento, mas na medida em que se conscientizaram dos requisitos de que depende sua viabilidade e, dispondo de satisfatória massa crítica, formaram um consenso nacional básico no tocante à deliberação de dar consistente atendimento a tais requisitos. A China acusa um extraordinário desnível, em termos de seu desenvolvimento geral médio, relativamente aos Estados Unidos, mesmo a países europeus como a Itália e até mesmo, tudo levado em conta, em relação ao Brasil. Isto não obstante, a China tem plena consciência do que necessita fazer, no curso dos próximos decênios, para assegurar, doméstica e internacionalmente, sua soberana viabilidade e dispõe para tal de um sólido consenso nacional, competentemente operacionalizado pelo Estado e pelos quadros dirigentes chineses. A China dispõe de condições iniciais de viabilidade para enfrentar o século XXI e o Brasil, com um nível geral médio de desenvolvimento ainda superior ao da China, não dispõe, presentemente, de tais condições.

É alarmante constatar, na ocasião em que está sendo redigido este breve estudo, (princípios de 2007), que o debate político nacional, se restrinja a questões de curto prazo, e a promessas eleitorais vazias. Em termos radicalmente distintos dos que estão sendo enfocados no debate político nacional, o que está em jogo é saber se o segundo governo Lula venha ou não a dispor de condições para encaminhar a viabilização nacional interna e externa do Brasil até o horizonte de 2030, um par de anos antes ou depois. O que é preocupante é a manifesta falta de um consistente projeto nacional.

Requisitos básicos

Para se encaminhar o Brasil na direção desejável, dentro de um prazo que se inscreva nos limites do internacionalmente ainda permissível e do nacionalmente ainda exeqüível – prazo esse que se estima extensível, no máximo, até o horizonte de 2030 – o país se defronta com duas ordens de principais requisitos. Por um lado, requisitos de ordem conceitual. Por outro lado, de ordem operacional.

Os requisitos de ordem conceitual, para os fins de se assegurar a viabilidade histórica do país, dizem respeito ao tipo de entendimento da realidade externa e das condições internas de ordem geral a partir do qual seja possível determinar metas a serem alcançadas e condições operacionais para se atingi-las satisfatoriamente.

Os requisitos básicos de ordem conceitual podem ser distribuídos entre quatro grandes grupos. O primeiro desses grupos diz respeito ao entendimento do sistema internacional vigente e de suas tendências evolutivas. A precedente seção deste estudo aborda, sucintamente, os principais aspectos da realidade externa com a qual o Brasil terá de confrontar-se, no curso do século XXI, a partir de um cenário probabilístico preferencial, reconhecidamente hipotético.

A segunda ordem de requisitos conceituais básicos se refere ao tipo de país que importe constituir, dentro do que se possa designar de exeqüivelmente desejável. Algumas características básicas podem ser imediatamente enunciadas. Trata-se de atingir um nível social de desenvolvimento não inferior ao que se verifica nos países do sul da Europa, com mais exigente nível de desenvolvimento econômico-tecnológico. Trata-se, por outro lado, de alcançar condições internas e externas que preservem a mais alta taxa de autonomia nacional e de soberania política que as condições internacionais permitam. Dentro desses parâmetros, há determinadas opções a fazer na relação entre qualidade de vida e poder nacional, bem como na relação entre o domínio do privado e o do público.

Um país como a China, para citar um exemplo típico, colocou a ênfase de seu futuro desenvolvimento na maximização do poder nacional, seja porque se julgue externamente ameaçado, seja porque alimente a ambição de futura paridade de poder com os Estados Unidos. Para um país como o Brasil, cujo povo não aspira ao *status* de superpotência e para o qual as ameaças externas não ostentam a magnitude que apresentam na visão chinesa, a prioridade para a boa qualidade de vida (apoiada em satisfatório poder nacional) se apresenta como o objetivo susceptível de consenso.

A questão da relação entre o privado e o público é mais complexa, porque tem sido, equivocadamente, abordada a partir de pressupostos ideológicos, confrontando, no limite, a perspectiva neoliberal com a socializante. Na verdade, o que importa é determinar, com plena lucidez, a medida em que uma compensatória ou corretiva intervenção do setor público na sociedade, seja necessária ou conveniente, para os fins em vista, nas condições de um país emergente, com as características socioculturais do Brasil.

A terceira ordem de requisitos conceituais básicos, conexa com a equação do privado e do público, diz respeito ao regime institucional requerido para assegurar a execução, nas condições do Brasil, de um grande programa de desenvolvimento integral e de maximização doméstica e internacional de sua autonomia. É indiscutível que as presentes instituições públicas e políticas do Brasil são absolutamente inadequadas. O país não dispõe de um regime eleitoral e partidário minimamente satisfatório. O Estado brasileiro, por outro lado, padece de gravíssima crise de governabilidade, tanto institucionalmente quanto no que se refere a seus recursos. O que está em jogo, portanto, é redesenhar as características de um sistema político que assegure uma democracia efetivamente representativa e, por outro lado, redesenhar um sistema estatal que compatibilize, com plena proteção dos direitos individuais e dos interesses legítimos de minorias, o máximo possível de governabilidade e de eficácia administrativa.

A quarta ordem de requisitos conceituais básicos, também conexa com a equação privado-público, se refere aos tipos e estilos de políticas públicas convenientes para os fins em vista. De um lado, os neoliberais, apontando a ineficiência do Estado, a falácia dos intentos de planificação e o êxito de países de livre economia de mercado, como os Estados Unidos, recomendam para o Brasil uma política correspondente: Estado mínimo e mercado totalmente aberto e livre. De outro lado, os dirigistas, mostrando a incapacidade do mercado de assegurar o atendimento de demandas sociais de caráter não mercantil, salientam a necessidade, nos países subdesenvolvidos, de complementar as forças de mercado pela atuação pública e o imperativo, para os países emergentes que pretendam salvaguardar sua autonomia, de evitar, mediante apropriada intervenção do Estado, perigosa desnacionalização de sua economia, e indicam como exemplo de seu êxito países como Coréia do Sul, Malásia e Cingapura. Que opções adotar?

Neste, como nos demais casos, o que importa é uma aproximação não ideológica da questão, a partir de uma perspectiva pragmática e operacionalista. Se o objetivo em vista é assegurar, no menor prazo possível, a conversão do Brasil num país plena e integralmente desenvolvido, com o máximo de autonomia nacional doméstica e externa que as condições internacionais permitam, é evidente a necessidade de compatibilizar a eficiência de uma economia de mercado com uma prudente mas eficaz intervenção do Estado de caráter promocional, corretivo e preservador da autonomia nacional. Saliente-se, quanto a esta última questão, que o único nacionalismo que tem sentido, nas atuais condições do Brasil e do mundo, é um nacionalismo de fins, não de meios. Observe-se, entretanto, que um nacionalismo de fins não ocorre, na prática, por mero efeito de intenções declaratórias e sim em virtude de determinadas políticas e em função de determinados instrumentos. Daí resulta, entre outras conseqüências, que há um mínimo de nacionalismo de meios como condição, entre outros requisitos, para se lograr um efetivo nacionalismo de fins, isto é, um alto nível de autodeterminação nacional interna, de que depende, entre outros fatores, a autonomia externa.

Medidas fundamentais

Um consenso nacional em torno dos quatro requisitos básicos precedentemente enumerados requer, complementarmente, que se convenha na adoção das medidas fundamentais de que depende o atendimento de tais requisitos. Tais medidas podem ser enumeradas da seguinte forma:

a-) Adoção de um grande programa-quadro de desenvolvimento nacional integral, enumerando as macrometas econômicas, sociais, culturais e políticas a serem alcançadas até 2030, um par de anos antes ou depois, concebidas de sorte a atingir um desenvolvimento social não inferior ao atual da Península Ibérica, um desenvolvimento econômico-tecnológico comparável ao atual da Itália, e orientadas de sorte a conduzir à consolidação do Mercosul, desejavelmente incluindo outros relevantes países da América do Sul, em estreita colaboração com os demais países da América Latina, a um equilibrado regime de cooperação com os Estados Unidos, a União Européia e o Japão e a um estreito relacionamento com países semicontinentes, como China, Índia, Rússia e África do Sul;

b-) Instituição de um regime eleitoral e de partidos que eleve significativamente a representatividade pública dos representantes do povo, e assegure, em cada legislatura, a formação de maiorias parlamentares estáveis, dotadas de programa próprio, disciplina partidária e liderança única;

c-) Adoção de um regime fiscal e de gestão pública que assegure o equilíbrio das contas públicas, com formação de superávits suficientes para garantir a implementação das macrometas do programa de desenvolvimento integral.

Requisitos de ordem operacional

Os requisitos de ordem operacional consistem na enumeração, quantificadamente, dos objetivos e das medidas requeridos para que sejam atingidas as macro-metas do programa de desenvolvimento integral. Trata-se de matéria que envolve, por um lado, requisitos de caráter técnico e, por outro, de caráter político, em função de demandas regionais e locais e de concepções partidárias. Tais requisitos, por isso, não podem integrar o grande consenso nacional que importa formar em torno dos requisitos de ordem conceitual e do decorrente programa de desenvolvimento nacional integral. Cabe às forças que se coliguem em torno deste último programa chegar a um acordo sobre a matéria, acordo esse que, distintamente do consenso básico, não pode ser concebido como um único ato fundacional, mas como algo a ser renovado em e para cada período governamental.

Permissibilidade internacional

A questão da permissibilidade internacional, no curso do século XXI mas, particularmente, no início da centúria, se reveste de decisiva relevância para o tema do desenvolvimento nacional de países emergentes, como o Brasil. Essa questão afeta, desde logo, o prazo de tolerância de que um país como o Brasil ainda disponha, neste estudo estimado como se estendendo, no máximo, até o horizonte de 2030, para ultimar uma satisfatória superação nacional de seu subdesenvolvimento.

Como foi precedentemente discutido, o processo de globalização e a previsível consolação e ampliação, na primeira metade do século, da *Pax Americana*, acarretam limites dificilmente transponíveis para que se realizem desenvolvimentos nacionais sob a égide da soberania do respectivo Estado. As áreas que permaneçam subdesenvolvidas no mundo, no provável curso da primeira metade do século XXI, tenderão a se converter em territórios cuja economia se processará de conformidade com a conveniência da economia hegemônica e se constituirão, assim, independentemente da persistência formal das precedentes soberanias, em meros segmentos do mercado mundial.

No provável curso da primeira metade do século XXI, a questão das soberanias estatais tenderá a ser radicalmente modificada. Somente a potência hegemônica será plenamente soberana. Uma soberania parcial será preservada, por um lado, pelos países desenvolvidos do ocidente, notadamente os membros da União Européia, estes, assim mesmo, ao preço de delegarem para a União parcelas crescentes de sua anterior soberania. Também conservarão uma soberania relativa alguns países semicontinentais que já revelaram dispor de capacidade de satisfatória resistência à potência hegemônica, como ocorre, em primeiro lugar, com a China e, dentro de diversas menores modalidades, com a Índia e Rússia e alguns países islâmicos, como o Irã, ademais do caso especial (sob protetorado chinês) da Coréia do Norte. Países como Brasil e Índia poderão também dispor de uma soberania relativa, na medida em que mantenham e aprimorem políticas de desenvolvimento nacional autônomo. Para estes últimos países tenderá a se constituir um processo de causalidade circular mediante o qual políticas internas de desenvolvimento autônomo sustentarão suas margens de autonomia externa, estas, por sua vez, permitindo satisfatória medida de autonomia interna.

Esse regime de causalidade circular entre autonomia interna e autonomia externa só será possível para países que detenham satisfatória massa crítica de poder nacional e apropriado relacionamento internacional. Reduzindo a análise dessa questão ao caso brasileiro, pode-se considerar que o Brasil logrará a permissibilidade internacional necessária para um satisfatório regime de recíproca condicionalidade entre autonomia interna e externa na medida em que acelere a promoção nacional de seu desenvolvimento e regule sua autonomia interna de sorte que o coeficiente interno de nacionalismo de fins e seus respectivos instrumentos sejam compensados pela atratividade de um mercado aberto de capitais.

Importa, entretanto, que a autonomia interna seja respaldada por satisfatória autonomia externa. Esta, por sua vez, depende de quatro principais condições: (1) consolidação e ampliação do Mercosul, mediante a incorporação a este dos mais relevantes países sul-americanos; (2) manutenção de um equilibrado regime de cooperação com os Estados Unidos, a União Européia e o Japão; (3) formação de um grupo de estreita cooperação econômico-tecnológica com os principais países subcontinentais: China, Índia, Rússia e África do Sul; (4) preservação de uma postura internacional pacifista e de não detenção de armas nucleares.

Saliente-se, no caso brasileiro, à medida em que a consolidação e a ampliação do Mercosul – essencial para a autonomia externa do Brasil e dos demais partícipes – sejam poderosamente reforçadas pela formação, em paralelo, de um regime de estreita cooperação com os países semicontinentais: China, Índia, Rússia e África do Sul, a existência desse novo bloco que, comparativamente ao G-7, se pode designar de C-5 (conjunto ou *cluster* dos cinco) constituirá importante fator dissuasório dos que pensem enfraquecer o Brasil, contribuindo para a disrupção do Mercosul, inclusive no tocante aos membros desse mercado.

Dadas as características da *Pax Americana*, precedentemente indicadas, esta é compatível com a manutenção de soberanias nacionais moderadas, como poderá ser a do Brasil, nas condições anteriormente referidas, sempre que restrições decorrentes de uma política de nacionalismo de fins sejam compensadas por atraentes oportunidades de investimento e, por outro lado, que a autonomia externa não se encaminhe para coalizões antiamericanas, nem para a nuclearização.

O capítulo da nuclearização exigiria um tratamento especial, que ultrapassa o escopo do presente estudo. Mencione-se, apenas, que o interdito americano à nuclearização de terceiros comporta graus bastante amplos e condições e circunstâncias bastante diversas, como o revelam os casos da França, da Índia e Paquistão e da China, ademais da situação particular da Coréia do Norte. Saliente-se, todavia, desde logo, que a nuclearização (exceto como fonte de energia) não interessa a um país na fase histórica em que se encontra o Brasil, ademais de tampouco interessar aos países que previamente não possuam eficiente missilística.

A questão da permissibilidade internacional requer uma última observação, referente às prováveis fases ulteriores do século XXI. As considerações precedentes discutem esse problema na perspectiva da consolidação e expansão da *Pax Americana*, processo neste estudo presumido como devendo caracterizar a primeira fase do século entrante. As condições de permissibilidade internacional se modificarão, substancialmente, na medida em que, como se prevê neste estudo, o desenvolvimento da China as conduza, eventualmente com apoio de outras potências, a uma situação de satisfatória equipolência com os Estados Unidos, na segunda metade do século XXI.

Especulações sobre a situação internacional que venham se configurar, na hipótese de a China assumir a condição de uma segunda superpotência, na metade final do século entrante, não são formuláveis por antecipação. Uma nova divisão do mundo entre dois pólos antagônicos tenderá a forçar um correspondente alinhamento dos demais países, como ocorreu na bipolaridade americano-soviética, não excluídas, como naquele caso, possibilidades de não-alinhamento. Seja qual for o quadro que venha a se desenhar, duas suposições parecem muito prováveis. A primeira é a de que a margem de autonomia externa de países como o Brasil, advindo tal situação, tenderá a ser proporcional ao grau de desenvolvimento autônomo que tenha então alcançado. Quanto maior e mais "nacional" seja o desenvolvimento que o Brasil atinja, tanto maior será sua autonomia externa. Por outro lado, como ocorreu no caso da bipolaridade americano-soviética, o proselitismo, pelas potências antagônicas, do apoio de terceiros países, tenderá a incrementar suas respectivas margens de permissibilidade internacional. Quanto maior a margem de autonomia que um país tenha logrado até então preservar, tanto mais ampla a permissibilidade internacional que poderá alcançar.

12

DEMOCRACIA E GOVERNANÇA

1. INTRODUÇÃO

Um dos problemas com que se defronta o mundo contemporâneo é o da compatibilização entre o regime democrático e os requisitos de que depende uma boa governança. É altamente consensual o reconhecimento de que o regimem democrático – governo do povo pelo povo, desejavelmente para o povo – é o único que assegura legitimidade ao poder e dignidade aos cidadãos. É inegável, igualmente, o fato de que todos os países necessitam de boa governança. Observe-se, a esse respeito, o fato de que o papel do Estado na sociedade, que sempre foi relevante, adquiriu proporções incomparavelmente mais amplas e cruciais desde a grande crise de 1930. A partir dessa época o Estado acrescentou, a suas atribuições tradicionais, a de ser um indispensável regulador da economia e do mercado e a de lhe caber uma insubstituível função na promoção do bem-estar social, reduzindo desigualdades e amparando setores desprotegidos. Em face dessas insubstituíveis funções do Estado contemporâneo (Estado do bem-estar social), observa-se que a formação do poder, pelo regime democrático, freqüentemente deixa de dar satisfatório atendimento aos requisitos de que depende a boa governança. Observa-se também, por outro lado, que o déficit de boa governança, se em certa medida ocorre em todos os países, é extremamente desigual, variando de países e casos em que é muito pouco significativo, a outros em que é alarmantemente grande.

Cabe reconhecer, sem dúvida, o fato de que as deficiências de governança tendem, grosso modo, a corresponder ao nível de subdesenvolvimento dos países, mas de nenhuma forma tal fato segue uma regra de proporcionalidade. Países altamente desenvolvidos, como os EUA, acusaram baixos níveis de governança no curso dos dois mandatos do presidente Bush, enquanto um país subdesenvolvido e extremamente complexo, como a Índia, vem ostentando bons níveis de governança dentro do regime democrático.

2. BREVE HISTÓRICO

Os regimens democráticos constituem uma exceção, no curso geral da História. Desde a Idade do Bronze aos nossos dias predominaram, amplamente, regimens oligárquicos ou monárquicos, estes tanto sob a direção de casas reais como, freqüentemente, de ditaduras.

A democracia, originariamente, é um fenômeno grego, notadamente ateniense. Surge sob a forma de uma democracia de notáveis com Solon (c.640–c.558 a.C), arconte único em 594. Adquire, com Clistenes (segunda metade do século VI a.C.), as características de uma democracia de classe média. Assume o caráter de uma democracia popular com Péricles (c. 492–429), que lidera Atenas de 461 até sua morte, com breve interrupção em 443.

A democracia ateniense se baseava na distribuição dos cargos públicos por sorteio. Essa forma era considerada, ao mesmo tempo, como a mais indiscriminadamente democrática e como exprimindo uma escolha dos deuses. Desse regimem se excetuava a designação de estrategos, que se procedia por eleição.

Sócrates se insurgiu contra esse regimem (o que futuramente contribuiu para sua condenação) alegando que não se podia entregar ao acaso a direção de Estados. Se, para dirigir um navio, se exigia um piloto habilitado, como confiar à sorte a direção da nave do Estado?

Roma emerge como uma sociedade controlada pela ordem patrícia, evoluindo, gradualmente, no curso do terceiro século a.C., para uma democracia política, de breve duração, com a Lex Hortênsia, de 257 a.C. A República Tardia, depois dos conflitos de Mario (157–86 a.C) e Sula (138–78 a.C.) que criaram as condições para a ditadura de César (100–44 a.C.), será seguida, por todo o restante curso da história romana, pelo regimem imperial instituído por Augusto (63 a.C.–14 d.C.).

Na Idade Média, cidades que logram se liberar de suseranias feudais, como ocorreu principalmente na Flandres e na Itália, instituem regimens autônomos de governo, predominantemente sob a forma de democracias burguesas. Algo de equivalente ocorrerá no Renascimento italiano, oscilando os regimens entre democracias dirigidas ou sustentadas pelos mestres das corporações e os menos freqüentes casos de lideranças apoiadas pelos *popolani*, como Cosimo de Médici (1389-1464), que dirigiu Florença de 1429 a 1433 e, novamente, de 1434 até seu falecimento.

As democracias com características modernas surgirão com a Ilustração, como resultado do crescimento da classe burguesa, a concomitante redução da nobreza feudal à condição politicamente impotente de nobreza cortesã, com o absolutismo monárquico e a influência das idéias de pensadores como Locke (1632–1704), Montesquieu (1689–1755) e Rousseau (1712–1778).

3. DEMOCRACIA DE MASSAS

A democracia contemporânea se tornou uma democracia de massas. As massas não são um fenômeno moderno. A formação de grandes cidades no mundo antigo, como Alexandria no Egito ptolomaico e Roma, a partir do fim da República, geraram grandes massas urbanas (certamente menores que as contemporâneas), cuja presença teve importante impacto sociopolítico sem, entretanto, decisivas conseqüências na formação do poder. A heterogeneidade da população de Alexandria, com segmentos greco-macedônios, judaico e nativos, não lhe proporcionava condições para o exercício do poder, embora os Ptolomeus tivessem de levar em conta suas principais demandas. Da mesma forma, passado o curto período final da República, em que a Assembléia popular se sobrepôs ao Senado, as massas romanas se constituíram em importante fator de pressão, que tinha de ser contemplado com o famoso lema *panem et circenses*, mas não dispuseram de condições para o exercício do poder, este dependendo, primordialmente, do fator militar.

Se as burguesias dos séculos XVIII a princípios do XX foram o principal fator de poder nas democracias ocidentais, essa condição, a partir do segundo terço do século XX, se transferiu para as grandes massas. A tradição democrática ocidental, convertida em requisito de legitimidade, levou essas democracias, na contemporânea sociedade de massas, a se tornarem democracias de massas.

Dentro das novas condições da democracia de massas a questão do relacionamento entre democracia e boa governança se tornou muito mais complexa. As democracias ocidentais de classe média se defrontavam com condições muito diferentes das que vieram a prevalecer nas democracias de massas. Aquelas democracias, por um lado, regulavam Estados relativamente pouco interferentes. A maior parte dos interesses das sociedades da época era atendida por via privada. O Estado assegurava, pela Justiça, o cumprimento dos contratos, pela Polícia, a segurança das pessoas e pelas Forças Armadas, a defesa dos países. A boa governança exigia, apenas, um honesto exercício do bom senso. Acrescente-se, ainda, que coincidiam os interesses do povo, então confundidos com os interesses da classe média, com o fato de os dirigentes políticos serem representativos dessa mesma classe.

Algo de completamente diferente ocorre com as atuais democracias de massas. Os interesses sociais, sem prejuízo da remanescente importância do setor privado, passaram a depender da gestão estatal, mesmo em sociedades, como a americana, que preservaram ampla margem de interesses coletivos sob regimem privado. Por outro lado, não subsiste mais a coincidência entre dirigentes políticos de classe média e uma população sob o predomínio dessa mesma classe. As grandes massas constituem o novo povo. Se, eventualmente, homens de procedência popular logram chegar ao poder, como nos casos de Lula, no Brasil, ou de Evo Morales, na Bolívia, são predominantemente pessoas de classe média que compõem a classe política.

Nas novas condições da democracia de massas ocorre, então, o fato de que o que leva um dirigente político ao poder é o agrado das massas, independentemente da qualificação desse dirigente. Surge, assim, freqüentemente, um desajuste entre a escolha democrática de dirigentes e a aptidão destes para exercer uma boa governança. O que torna esse desajuste particularmente grave é o fato de que as sociedades contemporâneas dependem, para quase todos os seus interesses mais relevantes, de uma honesta e competente governança.

4. GOVERNANÇA E MASSAS

Dentro de que condições se torna possível, nas atuais democracias de massas, assegurar razoável qualificação para o exercício do governo por parte dos candidatos que obtenham o agrado popular?

A resposta a essa questão requer um sucinto exame de como se comportam, atualmente, as democracias de massas. É inegável o fato de que as atuais democracias apresentam enormes diferenças entre distintos países. Se considerarmos comparativamente, os casos das democracias européias, asiáticas, norte-americana, latino-americanas e as de outros países subdesenvolvidos, observaremos, desde logo, com a notável exceção da Índia, uma elevada correlação entre boa governança e boa educação popular. As democracias da Europa Ocidental, com a relativa exceção da Itália, acusam um bom nível médio de governança, sensivelmente superior ao das demais. É manifesta, no caso, a medida em que o elevado nível médio da educação européia, comparativamente aos demais países do mundo, confere às massas européias melhor avaliação política de seus líderes. A relativa exceção da Itália, onde é elevado o nível médio de educação popular, decorre predominantemente de deficiências institucionais dos regimens partidário e eleitoral, cuja correção essas mesmas deficiências dificultam.

No que se refere às democracias orientais importa distinguir o caso de um país de alta educação popular, comparável ao da Europa Ocidental, como o Japão, do caso da Índia. Nesta, a importância de religiões fundadas no princípio da compaixão, exerce um salutar efeito na seleção de dirigentes em função de suas características morais, ainda quando escape às grandes massas uma satisfatória avaliação da qualificação técnica dos candidatos.

Em função dessas considerações, cabe perguntar por que a democracia de massas, nos EUA, funciona apreciavelmente menos bem que na Europa Ocidental? A questão apresenta múltiplos aspectos, sendo particularmente relevante, como a seguir se verá, a questão do regimem presidencialista numa sociedade de massas. Cabe reconhecer, entretanto, ademais da ocorrência de outros fatores, uma importante diferença da cultura americana, relativamente à da Europa Ocidental. Esta é uma cultura de fundamentação filosófica, ainda que disso não se dê conta a maioria da população. Tal fundamentação conduz a uma avaliação racional das coisas públicas. A cultura americana, predominantemente influenciada por preceitos religiosos de caráter calvinista, privilegiando o caráter dos candidatos, conduz a uma avaliação psicológica dos mesmos.

Por outro lado, no que diz respeito aos países subdesenvolvidos, a democracia de massas conduz a expectativas assistencialistas e distributivistas, o que favorece candidaturas populistas, em detrimento de propostas genuinamente desenvolvimentistas.

5. BOA GOVERNANÇA

Ante as considerações precedentes cabe perguntar dentro de que condições, se alguma houver, seria possível compatibilizar a democracia de massas com boa governança. Como já mencionado, ocorre uma observável correlação entre o nível médio da educação popular e a boa governança nas sociedades de massas, esta sendo tanto melhor quanto mais elevada a média educacional. Outra correlação observável, relativamente a sociedades de elevado nível educacional médio, é o fato de que a boa governança se revela mais freqüente em sociedades de pequena população, como no caso dos países escandinavos e da Suíça.

Sem prejuízo dos fatores e circunstâncias precedentemente referidos, a análise da boa governança nas democracias de massas conduz a outra constatação: a significativa superioridade dos regimens parlamentaristas, comparativamente aos presidencialistas. É certo, quando resultem eleitos presidentes de alta qualidade, como Franklin Roosevelt, nos EUA ou Juscelino Kubitschek, no Brasil, que o presidencialismo pode gerar excelentes níveis de governança. É indubitável, entretanto, o fato de serem extremamente raros casos como os ora mencionados. A democracia de massas, em regimem presidencialista, conduz à eleição de candidatos que satisfaçam o gosto popular, independentemente de suas qualificações, freqüentemente insuficientes.

Por que, nas democracias de massas, os governos parlamentaristas tendem a ser melhores que os presidencialistas? Essa questão requer uma consideração preliminar. Esta se refere ao fato de que o parlamentarismo, *de per si*, não é necessariamente um bom regimem, havendo bons e maus parlamentarismos. Muitos fatores entram em jogo nesta questão, entre estes, como em tudo o que diz respeito à sociedade e ao homem, avulta a cultura de cada sociedade. Mais especificamente, a forma pela qual se constitua um parlamento – algo em que a cultura de uma sociedade é relevante – é decisiva para seu nível de qualificação e de operatividade. O multipartidarismo conspira contra a formação de bons parlamentos, como o revela o caso da Itália. O que favorece a formação de bons parlamentos, ademais de condições apropriadas da cultura de um país, é o bipartidarismo e, no limite, a existência de apenas dois ou três partidos políticos, dentro de condições de estabilidade dos partidos e de sua consistência programática.

Cabe, assim, investigar por que os parlamentarismos bem constituídos sejam regimens superiores ao presidencialismo. O que entra em jogo, nesta questão, é precisamente saber em que medida as instituições regulatórias de uma democracia de massas conduzam a compatibilizar o voto popular com uma satisfatória qualificação dos candidatos ao exercício do poder. Essa compatibilização é satisfatoriamente alcançada nos regimens parlamentares pelo fato de que os homens públicos que se candidatem ao exercício do poder são previamente submetidos a uma educação e seleção políticas no âmbito dos respectivos partidos. Os partidos políticos presidencialistas são meras plataformas habilitatórias para o recebimento do voto popular. Nos regimens parlamentaristas, os candidatos à vida pública passam, primeiro, por um relativo longo estágio preparatório e habilitatório no âmbito do partido. Dessa forma, em condições melhores ou piores, conforme as características culturais de cada país, forma-se uma classe política razoavelmente habilitada. Quando o partido lança um de seus membros para a disputa eleitoral, este leva consigo os benefícios de sua educação política no âmbito do partido. É também no âmbito do partido que se formam as lideranças, cabendo ao chefe do partido eleitoralmente majoritário a direção do novo governo. Combina, assim, o parlamentarismo, esse misto de formação de uma elite política e de modalidades democráticas de sua seleção, recomendado por Aristóteles.

13

BREVE REFLEXÃO SOBRE A SITUAÇÃO E AS POSSIBILIDADES CONTEMPORÂNEAS DA LATINIDADE

A LATINIDADE

Em seu sentido mais imediato, a latinidade é a característica cultural comum e básica dos povos das Penínsulas Itálica e Ibérica, da França, de partes da Bélgica e da Suíça, bem como da Romênia, ademais, por expansão que se realiza a partir do século XVI, dos povos latino-americanos.

Na sua expressão européia, tais povos formavam o cerne do Império Romano. Historicamente resultam de um longo processo evolutivo, no curso do qual os povos constitutivos do corpo principal do Império Romano do Ocidente sofreram a influência cultural e étnica dos diversos povos que ocuparam aquele espaço geográfico, a partir do século V, com predominância dos germânicos.

Vistos em perspectiva histórica, os povos latinos constituíram um dos três principais núcleos formadores da civilização Ocidental, juntamente com os povos germânicos e anglo-saxões. Resulta algo arbitrário tentar graduar a importância relativa, na formação do Ocidente, de cada um desses núcleos. O elemento germânico predominou se atentarmos à importância, na gestação da Europa, do Império Carolíngio. O elemento latino predomina se considerarmos, por um lado, que o latim e a cultura romana foram os ingredientes básicos na formação da cultura européia. O elemento latino também ostenta predominância se considerarmos três dos momentos mais importantes na formação dessa cultura: a Idade Média, o Renascimento e a Ilustração.

Se considerarmos, em termos históricos mais recentes, a formação da Idade Moderna, observaremos que ela emerge com o Renascimento italiano, adquire uma de suas dimensões básicas com a Reforma alemã, passa por um período de hegemonia espanhola, do século XVI a princípios do XVII, seguida pela hegemonia francesa, de Richelieu a Luís XIV, culminando com a hegemonia inglesa, de meados do século XVIII até a Primeira Grande Guerra.

Situação Atual

Os povos latinos, de modo geral, não tiveram um bem-sucedido século XIX, o que em grande parte explica sua situação atual. Se considerarmos o caso da França, o mais desenvolvido, nessa época, dos países latinos, verificaremos que se recuperou da derrota de Napoleão e da mediocridade da Restauração somente com Napoleão III para, entretanto, terminar com o desastre de Sedan.

A Terceira e a Quarta Repúblicas francesas, comparativamente aos mundos germânico e anglo-saxão da época, foram econômica e politicamente insatisfatórias. Uma importante recuperação, em relação ao conjunto da Europa, se realiza com De Gaulle. Mas então o mundo já se achava sob o predomínio americano.

O mundo posterior à Segunda Guerra Mundial se caracteriza pela forte predominância dos Estados Unidos. Estes se tornaram uma potência quase hegemônica (o *status* de unimultipolaridade a que se refere Huntington) depois da implosão da União Soviética.

O predomínio americano abrange todas as mais relevantes dimensões operacionais da atualidade. É um predomínio econômico, tecnológico, político-militar e, sobretudo, informacional. Esse último aspecto abrange desde as inúmeras aplicações da informática até o cinema, a música, os jornais, a televisão e a subministração internacional de toda sorte de dados.

O predomínio americano se caracteriza, entretanto, por sensível desequilíbrio entre sua dimensão instrumental e sua dimensão substantiva, entre o domínio da divulgação e sua efetiva relevância cultural. Ante a avassaladora ocupação americana de todos os meios de divulgação e a decorrente difusão de uma imagem americanizada do mundo, os elementos germânicos da cultura ocidental se tornaram objeto de erudição e domínio de especialistas e os elementos latinos dessa mesma cultura assumem crescentemente aspectos folclóricos.

Comparação Histórica

A americanização do mundo e da imagem do mundo é apenas a última manifestação de um processo cíclico de hegemonização cultural, cuja primeira ocorrência se deu no mundo helênico. De Homero (século VIII a.C.) a Alexandre (século IV a.C.) e um pouco depois dele, com os reinos helenísticos do século III, a cultura helênica foi hegemônica e com ela sua visão do mundo. A romanização do mundo, de Scipião, o Africano (c. 235–183 a.C.), a Teodósio, o Grande (c. 346–395), se deu mediante a combinação da capacidade organizacional e militar dos romanos com a cultura helênica, que se converteu em seu substrato cultural. O latim foi hegemônico no curso da Idade Média. O italiano prevaleceu parcialmente com o renascimento, do século XIV ao XV. A cultura espanhola é predominante do século XVI a princípios do XVII, com seu *siglo de oro*. Segue-se o predomínio político-militar da França e da cultura francesa, na era de Racine e de Molière. O predomínio inglês, da segunda metade do século XVIII à Primeira Guerra Mundial, corresponde a uma superioridade econômica, técnica e político-militar sustentada por uma grande cultura, de Shakespeare a Byron, Shelley e Keats, de Dickens a Carlyle e Oscar Wilde.

O total predomínio americano em nossos dias – sem se subestimar suas relevantes contribuições científicas e mesmo no domínio das artes – resulta de uma decisiva superioridade econômica, tecnológica e militar, não apoiada, entretanto, por correspondente riqueza cultural. Algo como se imaginássemos um Império Romano privado de seu substrato Helênico.

Entre as várias manifestações dessa descorrespondência observa-se, nas recentes publicações procedentes dos Estados Unidos, na virada do século, a respeito da centúria que se encerrava, o fato de apresentarem como particularmente representativas do século XX inúmeras personalidades americanas da mais modesta significação, enquanto são omitidos grandes pensadores e artistas germânicos e latinos.

O que Fazer?

A cultura contemporânea se depara, entre outros, com dois fatos básicos. No que tange aos meios de comunicação, com o fato de que o inglês se tornou a língua franca internacional, figurando o espanhol como segunda alternativa. No que tange às questões substantivas, com o fato de que o futuro do mundo depende de uma apropriada compatibilização entre o domínio dos meios, dependendo da expansão da tecnologia, e o domínio dos fins, dependendo da expansão do humanismo.

Tecnologia e humanismo se encontram desigualmente distribuídos no mundo; aquela, em vigorosa expansão nos Estados Unidos, é insuficientemente difundida no mundo latino. Este, impregnando a visão do mundo e o estilo de vida dos povos latinos – embora sem a pujança e a auto-consciência de precedentes períodos históricos – é, nos Estados Unidos, completamente ausente da vida cotidiana, lá tendo se convertido em mera especialização acadêmica.

Há uma lição óbvia a extrair desses dois fatos: empregar o inglês como idioma universal e o espanhol, como principal língua latina. Aprofundar e expandir, no mundo latino, seus valores humanistas, combinadamente com um vigoroso empenho de modernização tecnológica e introduzir, nos Estados Unidos e nos povos anglo-saxões, uma visão humanista do mundo, mantendo seu desenvolvimento tecnológico. A sustentação operacional do mundo contemporâneo depende da expansão da tecnologia e da correspondente modernização de todos os povos. A sustentação da civilização e de seus valores superiores, de que depende a preservação da liberdade racional do homem, requer a universalização de um humanismo moderno que se diferencia do clássico pela necessária ênfase em seus aspectos sociais e ecológicos.

A Latinidade para Dentro

Sem olvidar as áreas transterritoriais de expansão das culturas francesa e italiana, foram, sobretudo, dois os povos ocidentais que lograram universalizar suas respectivas culturas: ingleses e ibéricos. Aqueles, com os Estados Unidos e a *Commonwealth*. Estes, com a América Latina e as áreas lusófonas da África e da Ásia. Ocorre, entretanto, que o mundo ibérico entra em declínio a partir da segunda metade do século XVII e o mundo anglo-saxão em crescente predomínio a partir da segunda metade do século XIX.

Com a presente recuperação do mundo latino, com uma vigorosa França pós-De Gaulle, uma próspera Itália, uma Romênia redemocratizada, uma Península Ibérica modernizada e integrada na Europa, um grande surto de progresso em países-chave da América Latina, como Brasil e México e com uma Argentina iniciando sua recuperação, abre-se uma nova era para a latinidade. Uma era em que o humanismo latino se torna indispensável para o mundo e em que a latinidade demonstra estar superando, aceleradamente, seu déficit tecnológico.

A consolidação e a expansão, na latinidade, de seu humanismo social e ecológico e de sua própria identidade cultural, em suas múltiplas vertentes nacionais e lingüísticas, assim como sua acelerada modernização tecnológica, dependem da conjugação de um esforço de pensamento inovador com um amplo e competente sistema de divulgação. O mundo latino necessita dispor de condições para exercer, em profundidade, seu pensamento crítico. Algo a que, isoladamente, as universidades e instituições congêneres não estão, atualmente, dando satisfatória resposta. Necessita, por outro lado, de apropriados instrumentos de divulgação, algo de que é ainda mais carente.

A Academia da Latinidade, entre outras instituições, se não quiser ser apenas uma retórica, em que pessoas inteligentes intercambiam discursos inteligentes, tem de se constituir em uma agência de promoção do humanismo socioecológico e de uma modernização tecnológica a serviço desse humanismo e tem de conceber os meios operacionais para que essa reflexão criadora se exerça de forma inovadora e alcance a divulgação necessária.

Como realizar tais objetivos é algo que terá de decorrer da reflexão crítica da própria Academia da Latinidade e escaparia aos limites destes breves comentários. Mencionem-se, apenas, duas considerações óbvias. A consecução de tais objetivos requer a formação, coordenada, de redes de intercomunicação intelectual entre universidades e instituições equivalentes. E requer a mobilização, a partir dos setores públicos e privados do mundo latino, de importantes recursos, tanto para o financiamento desse esforço de pensamento inovador e crítico, como, notadamente, para sua divulgação. Se a latinidade quer subsistir como uma efetiva dimensão cultural e operacional do mundo, tem de custear seu esforço reflexivo e a divulgação desse esforço. Necessitamos de uma grande TV latina, de uma grande revista latina de um grande cinema latino. Ou nos dotamos desses recursos ou nos converteremos no folclore do mundo anglo-saxônico.

A questão do aprofundamento e da divulgação da cultura requer ainda que se leve em conta a diversidade das línguas latinas, não obstante suas raízes comuns. Essa questão tem de ser abordada de forma extremamente objetiva e não-paroquial. Para esse efeito, importa reconhecer três fatos básicos. O primeiro se refere a que as línguas latinas são majoritariamente de recíproco acesso. Tal fato é óbvio na relação espanhol–português. É próximo na relação entre essas duas línguas e o italiano. Algo menos no caso do romeno. Já o francês requer conhecimento próprio. O segundo fato é de que as pessoas cultivadas do mundo latino devem aprender francês e as de língua francesa aprender espanhol. O terceiro fato a ser levado em conta é o de que o espanhol, independentemente de quaisquer considerações valorativas, é a língua latina internacional e deve ser assumida como tal por todos os povos latinos.

A Latinidade para Fora

Não basta, para preservar a efetiva vigência mundial da cultura latina, que se adotem as medidas precedentemente mencionadas. É necessário que a cultura latina, como procederam os anglo-saxões com a sua, seja universalizada. Essa se tornará algo eminentemente factível se as providências referidas no tópico. "A Latinidade para Dentro" forem efetivamente adotadas. A existência de um pensamento latino crítico e inovador, amplamente difundido no mundo latino, necessariamente extravasará para o restante do mundo.

Algumas providências operacionais, entretanto, serão assim mesmo necessárias. Mencione-se, por um lado, uma divulgação apropriada, nos Estados Unidos e no mundo anglo-saxão, ademais de em outras partes do mundo, da versão, em espanhol, da TV, do cinema e dos jornais e revistas latinos. Acrescente-se a necessidade de se adotar, para esses meios de divulgação, uma versão em inglês, à semelhança do que faz o mundo anglo-saxão em suas edições em espanhol.

Vale mencionar, enquanto o mundo germânico não adotar providências, para sua cultura, equivalentes às discutidas nestes breves comentários, a necessidade de os veículos da latinidade difundirem, também, importantes contribuições do mundo germânico. Se a cultura greco-romana está na raiz da cultura latina e nos fundamentos de seu humanismo, a cultura germânica, de Lutero a Goethe, de Kant e Hegel aos intelectuais de Weimar e da Escola de Frankfurt, é um dos fundamentos do Ocidente. Deste Ocidente que não pode continuar se manifestando, exclusiva ou predominantemente, por sua vertente anglo-saxônica. Viva Shakespeare! Mas vivas, também, a Petrarca e Dante, a Camões e Cervantes, a Goethe e Hegel. Viva Witehead! Mas vivas a Ortega, a Cassirer, a Raymond Aron e a Norberto Bobbio, a Octavio Paz, a Borges e a Manuel Bandeira.

14

IBERO-AMÉRICA COMO PROCESSO HISTÓRICO-CULTURAL E COMO PROJETO POLÍTICO

1. INTRODUÇÃO

Algumas grandes áreas geográficas, como a Ásia, não dispõem de unidade cultural. São demasiadamente vagas as características que possam ser agrupadas sob a denominação genérica de "orientais". As grandes culturas dessa área, como a indiana, a chinesa, a japonesa, têm nítida especificidade. No caso da área Ibero-Americana, abrangendo territórios que totalizam mais de 14 milhões de quilômetros quadrados e uma população de cerca de 400 milhões de habitantes, distribuídos entre Europa, México, Centro-América e América do Sul, observa-se a existência de significativas características culturais, que permitem se falar de uma cultura Ibero-Americana diferenciada, por exemplo, de culturas como a anglo-saxônica ou a eslava.

Essa comunidade cultural básica decorre, inicialmente, do fato de as línguas portuguesa e, muito parcialmente, espanhola, derivarem do galego arcaico e, ambas, do baixo latim ibérico. Subseqüentemente, essa unidade cultural básica decorre da colonização portuguesa do Brasil e espanhola do restante da América Latina, não obstante outras significativas contribuições culturais de procedência africana e indígena.

2. DIMENSÃO CULTURAL

Culturalmente, quando falamos de Ibero-América, estamos nos referindo aos dois países ibéricos e a esse grande conjunto cultural que é a América Latina.

O peso populacional da América Latina, que representa cerca de 77% do total Ibero-Americano, faz que, quando se empregue o termo "Ibero-América", se esteja, praticamente, falando de América Latina. Quando se deseja aludir às culturas de Espanha ou de Portugal, se as designa por esses dois países ou, coletivamente, pela expressão "cultura ibérica".

Como precedentemente observado há, sem embargo, um elemento básico comum que permite falar de cultura Ibero-Americana, elemento que decorre, em primeiro lugar, dadas a comum ancestralidade ou influência galega, bem como a comum raiz latina, do fato de os idiomas português e espanhol serem reciprocamente inteligíveis. Por outro lado, sem prejuízo das recíprocas especificidades do hispânico e do luso, esses dois elementos integrantes da cultura Ibero-Americana, comparativamente a outras culturas do mundo ocidental, apresentam um marcante traço comum – o que também ocorre com a cultura italiana – o da conjugação do humanismo com a tecnologia.

Há, sem dúvida, significativas diferenças entre os ramos espanhol e lusitano da cultura Ibero-Americana, ademais da especificidade dos respectivos idiomas. Creio que se poderia identificar a especificidade da cultura de raiz hispânica, tanto na Península como na América Hispânica, pelo "sentimento trágico da vida". No caso da cultura de raiz lusa, importaria salientar o "sentimento lírico da vida". O fundamental em D. Quixote não é o ridículo de seus equívocos, confundindo moinhos de vento com gigantes, e sim seu heroísmo trágico. O fundamental, em Camões, não obstante a dimensão heróica de *Os Lusíadas*, é seu intenso lirismo, magnificamente expressado, entre outros episódios, no de Inês de Castro.

Como precedentemente referido, o grande legado da cultura Ibero-Americana é a conjugação do humanismo com a tecnologia. O humanismo, num país como os Estados Unidos, tornou-se uma especialidade acadêmica. Nos países Ibero-Americanos – como também ocorre na Itália – o humanismo faz parte do quotidiano. Como no caso da prosa de M. Jourdain, pratica-se o humanismo sem se saber que se o está praticando. Faz parte da forma como se encara a vida e o convívio humano. Esses povos humanistas, no entanto, estão aceleradamente se apoderando da tecnologia moderna, o que é observável em todos eles e assume caráter predominante nos de maior desenvolvimento relativo. Esse constitui, a meu ver, o mais importante legado da cultura Ibero-Americana (como o da italiana) para a atual fase do mundo.

A tecnologia, com efeito, se tornou a condição *sine qua non* da subsistência dos povos contemporâneos. O que a natureza foi para o homem, até meados do século XIX, hoje é a tecnologia. A extrema relevância do *know how* tornou-se, entretanto, tão predominante que sua aquisição, em muitos países, se converteu no objetivo supremo do homem. De condição de vida a tecnologia ficou sendo a definição mesma da vida. Com isto, entretanto, se está perdendo o sentido último da vida, que são os valores transcendentais. Ampla parte do mundo contemporâneo está mergulhando numa letal intransitividade.

Contrastando com essa intransitividade, o humanismo Ibero-Americano se serve da tecnologia para assegurar condições materiais favoráveis ao desfrute do bom convívio humano e dos valores culturais e estéticos. A qualidade da vida, nas boas cidades Ibero-Americanas, é significativamente superior à que se observa nos países de total predominância tecnológica, a despeito da significativa superioridade da sua renda *per capita* da ordem de 10 para 1. Ainda é importante, para a maioria dos países Ibero-Americanos, o esforço a ser realizado para que alcancem, estavelmente, um elevado padrão de desenvolvimento. Tudo indica, entretanto, que estão se aproximando desse patamar, que provavelmente alcançarão na primeira metade deste século. Terão os povos de excessiva predominância do tecnológico capacidade de incorporar, satisfatoriamente, os valores humanistas de que dispõem os Ibero-Americanos? As tendências em curso não são encorajadoras.

3. DIMENSÃO POLÍTICA

Que sentido tem a Ibero-América politicamente ? Uma análise dessa questão requer que se diferenciem estratégias políticas de realidades políticas. Em ampla medida, o emprego da expressão "Ibero-América" decorre de uma estratégia política, por parte de lideranças espanholas, de difundir a idéia de uma comunidade Ibero-Americana que gravitaria em torno da matriz espanhola. A difusão dessa idéia incrementa a influência da Espanha na União Européia e, de modo geral, no mundo. Assim entendida, entretanto, a idéia Ibero-Americana suscita apenas uma adesão passiva por parte dos povos Hispano-Americanos e não encontra nenhum eco no maior país latino-americano, que é o Brasil. A adesão de Portugal a essa idéia também é passiva, senão relutante. O que Portugal procura enfatizar é a comunidade lusófona, à qual o Brasil dá sua plena adesão.

Para se analisar os aspectos políticos dessa questão é necessário se considerar a situação da América Latina e, nesta, da América do Sul. A idéia de uma comunidade latino-americana, sem embargo de parciais origens históricas, num mais restrito sentido hispano-americano, foi criada e difundida pela Comissão Econômica para a América Latina e o Caribe (Cepal), tendo em Raúl Prebisch seu principal formulador e importante continuidade com Celso Furtado. Propôs a Cepal um projeto de integração latino-americana, que encontrou importante apoio em Felipe Herrera, primeiro presidente do Banco Interamericano. Diversos intentos foram iniciados para a consecução desse objetivo, sem resultados significativos. O projeto integrativo, para o conjunto de América Latina, ficou definitivamente prejudicado com a adesão, pelo México, ao Tratado Norte-Americano de Livre Comércio (Nafta).

A situação geográfica do México, com sua extensa fronteira territorial com os Estados Unidos e, por outro lado, com a sua completa vinculação econômica com aquele país, com o qual mantém cerca de 80% de seu comércio exterior, com a circunstância adicional de que empresas multinacionais americanas exercem papel predominante em sua economia doméstica, tornaram o México, economicamente, parte do sistema americano, com decorrentes efeitos políticos. O Nafta, na verdade, apenas institucionalizou uma preexistente realidade, em última análise com efeitos positivos para México.

Dada a situação do México, não se pode mais operacionalizar, em termos econômicos e políticos, um projeto de integração latino-americana. Subsiste, todavia, como uma realidade de extrema importância, a cultura latino-americana. Uma cultura que tem no México um de seus principais pilares de sustentação, condição que comparte com Argentina e Brasil. É graças a sua poderosa cultura popular e sua alta cultura erudita que o México tem logrado preservar sua identidade nacional. A preservação da cultura mexicana, por outro lado, é condição fundamental para o fortalecimento da cultura latino-americana. Daí a relevância, para os países da América do Sul, de manterem as mais estreitas relações de cooperação cultural com o México.

Nesse contexto reveste-se de particular importância a América do Sul. Com efeito, o conjunto do continente sul-americano, notadamente por causa do Brasil e da Argentina, preserva uma importante margem de autonomia interna e externa. Se a América Latina, em seu conjunto perdeu, econômica e politicamente, um sentido autonômico, esse sentido é preservado, embora declinantemente, pela América do Sul. Daí a relevância do projeto de integração sul-americana, particularmente do Mercosul, projeto esse de cuja realização depende o futuro histórico dos países da região.

O projeto de integração sul-americana vem experimentando uma crescente maturação. Sem recuar, excessivamente, a análise dos precedentes, mencione-se, como relevante, o acordo Sarney-Alfonsin de Iguaçu, de 30-11-85 e, derivadamente, o do Mercosul, de 29-3-1991. Com o governo Cardoso se formulou pela primeira vez, em nível de chefes de Estado, o projeto de integração sul-americana, na cúpula de Brasília de 2001. O governo Lula deu ênfase ainda maior à idéia de integração sul-americana. Contribuição decisiva para a mesma foi o fortalecimento do Mercosul, com o ingresso da Venezuela.

Não pode haver nenhuma dúvida quanto ao fato de que, isoladamente, os países da América do Sul não dispõem de condições para preservar seu destino histórico e sua identidade nacional. O processo de globalização, exacerbado pelo unilateralismo imperial do governo americano, tende a converter os países da região, se permanecerem isolados, em meros segmentos do mercado internacional e províncias do "Império Americano". O próprio Brasil, a despeito de suas dimensões semicontinentais, grande população e apreciável nível de desenvolvimento já atingido, não poderá preservar sua identidade nacional e seu destino histórico sem a integração sul-americana, no mínimo, sem o Mercosul. Decorre isso do fato de que, entre outras deficiências, o baixo nível de integração social do Brasil, a despeito de seu elevado nível de integração nacional, o torna vulnerável aos efeitos disruptivos das exigências do mercado financeiro internacional e das pressões americanas. Somente através de sua integração os países sul-americanos poderão preservar seu destino histórico.

Importa, a esse respeito, esclarecer o fato de que o "Império Americano", diferentemente dos impérios históricos, do Romano ao Britânico, não consiste em uma modalidade formalizada de dominação, exercida por um procônsul ou vice-rei, apoiado por contingentes militares e burocráticos da metrópole. O "Império Americano" é um campo, em sentido análogo ao daquele que empregamos quando falamos de "campo gravitacional" ou "campo magnético". O domínio americano preserva os aspectos formais da soberania de suas "províncias": bandeira, hino nacional, exércitos de parada e mesmo, nas sociedades democráticas, eleições. Seu domínio se exerce através de irresistíveis constrangimentos de caráter econômico-financeiro, tecnológico, político, cultural e, quando necessário, militar. Tais constrangimentos compelem os dirigentes locais, queiram ou não, a atender às exigências do mercado financeiro internacional – que constitui o corpo do Império – e às diretrizes de Washington.

Nessas condições somente a integração sul-americana poderá proporcionar aos países da região condições de preservação de suas identidades nacionais. Algo de equivalente ocorreu com os países europeus, que lograram preservar suas identidades e destino histórico se agrupando na União Européia.

4. PROBLEMAS E DESAFIOS

São inevitavelmente difíceis e complicados os processos de integração de distintos Estados Nacionais, como sobejadamente o provam as diversas experiências históricas. Os processos integrativos do Mercosul e da América do Sul não escapam a essa regra e apresentam inúmeros problemas e desafios, que vão desde significativas diferenças de população, de PIB e dos respectivos níveis domésticos de integração social e nacional, à inexistência de um sistema satisfatório de comunicação física entre os países da região. Considerando o conjunto dessas dificuldades e desses problemas pode-se destacar como mais relevantes os cinco seguintes: (1) Grande assimetria entre países de pequenas populações e/ou níveis nacionais de PIB e países grandes, como Brasil e Argentina; (2) Significativas diferenças entre países que lograram consolidar seu respectivo Estado Nacional e países em que essa tarefa permanece inconclusa, como no caso dos andinos; (3) Importantes resíduos de antigas rivalidades procedentes da era colonial, notadamente a que opunha a colonização hispânica à lusitana; (4) Remanescentes da disputa pela predominância regional entre Argentina e Brasil; (5) Inexistência de um sistema satisfatório de comunicação física entre os países da região.

A simples enumeração das dificuldades com que se depara o projeto de integração da América do Sul revela a preocupante extensão das mesmas. O imenso intervalo que separa os dois grandes países da região de países de muito baixa renda e pequena população, como Bolívia e Equador, indica a medida em que a compatibilização desse conjunto de países num sistema integrado requer, por um lado, importantes medidas compensatórias, a favor dos países pequenos e, por outro lado, não permite, pelo menos de início, modalidades integrativas muito estreitas, como as ocorrentes na União Européia. Não menos complexa é a situação decorrente da existência, na América do Sul, de países dotados de alto nível de integração nacional, como o Brasil e de países que ainda não lograram construir um Estado Nacional, como ocorre com os países andinos. Nestes, uma maioria populacional procedente das altas culturas indígenas, que foram esmagadas pela conquista espanhola, foi secularmente mantida em situação de dependência e de não efetiva cidadania. Essa situação se está aceleradamente revertendo, como o ilustra, particularmente, a Bolívia de Evo Morales, gerando conflitos entre um emergente nacionalismo indigenista e o associacionismo sul-americano. Os dois outros problemas subseqüente referidos – remanescentes de rivalidades coloniais e de rivalidades pela predominância regional –

não se revestem da mesma importância, embora constituam obstáculos a serem inteligentemente superados.

O quinto grande problema precedentemente mencionado, decorrente da inexistência de um satisfatório sistema de comunicação entre os países da região, embora não tenha nada de intransponível – muito ao contrário, sua superação constitui um objetivo natural do processo integrativo – se confronta, para ser devidamente atacado, com a demanda de vultosíssimos capitais, presentemente ainda não disponíveis.

Se, entretanto, transferirmos nosso olhar das dificuldades em referência para a modalidade de soluções que elas comportam, encontraremos um quadro dotado de mais viabilidade. Em última análise, aquilo de que se necessita é de uma forte vontade política e de engenhosas medidas que permitam a acumulação de satisfatória massa de recursos para a gradual construção de um sistema sul-americano de comunicações rodo-ferroviárias, energéticas e informacionais.

A vontade política já se faz sentir em nível significativo como o ilustram as reiteradas proclamações integracionistas que são feitas na região. Para que elas se transladem do nível declaratório para o operacional importa, decisivamente, que a aliança estratégica que se está formando entre Argentina e Brasil se consolide o mais rapidamente possível e passe, ela mesma, do declaratório ao operacional. Muito já se está fazendo nesse sentido, como o ilustram os vários acordos mediante os quais diferendos entre os dois países estão sendo amigavelmente resolvidos. Decorrem esses diferendos, sobretudo, da desindustrialização a que a Argentina foi insensatamente conduzida pelo neoliberalismo, nela vigente até a grande crise de 2001. Kirchner, em boa hora, reconduziu o país na direção de um acelerado desenvolvimento e está contando, para esse efeito, com o apoio do Brasil. O que importa, agora, é dar-se um decisivo passo à frente, adotando-se um programa comum de industrialização, mediante conveniente articulação de cadeias produtivas e encaminhamento de investimentos comuns.

A consolidação da aliança estratégica argentino-brasileira, apoiada num programa industrial e numa política externa comuns, assegura a consolidação do Mercosul, sempre que os sócios grandes proporcionem aos menores apropriadas compensações. Por outro lado, uma confiável e reciprocamente benéfica aliança argentino-brasileira permitirá incorporar a Venezuela a uma liderança tripartite, a partir da qual será possível enfrentar as dificuldades precedentemente referidas com que se confronta o projeto integrativo na América do Sul.

Uma das principais tarefas dessa liderança tripartite será a mobilização de uma satisfatória massa de recursos financeiros para assegurar vigorosa execução a um programa de intercomunicação sul-americana. É indispensável criar-se um Banco Sul-Americano de Desenvolvimento, à semelhança do BNDES brasileiro e da CAF andina. Conforme idéias já aventadas por alguns eminentes economistas da região, como Aldo Ferrer, a transferência para esse Banco de algo como 5% das reservas em moedas fortes dos principais países da região, já lhe asseguraria um patamar financeiro inicial que permitiria dar início de execução a um grande programa regional de comunicações. Os efeitos integrativos de tal programa seriam indescritíveis. Mais uma vez, tudo dependerá de uma forte vontade política e esta, por sua vez, de uma duradoura e confiável aliança estratégica argentino-brasileira e da formação da liderança tríplice precedentemente referida. Cabe aos intelectuais sul-americanos enfatizar a imprescindibilidade da integração regional. Cabe aos presidentes da Argentina, do Brasil e da Venezuela adotar as medidas que levem a sua efetivação.

15

TEMPO HISTÓRICO E INTEGRAÇÃO DA AMÉRICA DO SUL

1. TEMPO HISTÓRICO E DESENVOLVIMENTO

A História consiste, entre outras coisas, numa sucessão de etapas. Nela se diferenciam macroetapas como o Neolítico, a Idade do Bronze, a Idade do Ferro, etc. Em termos relativamente recentes sucedem-se, a partir do Renascimento a nossos dias, a Revolução Mercantil dos séculos XV ao XVIII, a Industrial, de fins de XVIII a meados de XX e a Tecnológica, da segunda metade do século XX a nossos dias.

Cada uma dessas etapas abre possibilidades que são convenientemente aproveitadas por algumas sociedades e desaproveitadas por outras. Grandes civilizações Orientais como a indiana e a chinesa perderam as possibilidades que a navegação transoceânica abriu com a Revolução Mercantil e se tornaram, por isso, mais atrasadas, relativamente à Europa ocidental. Essas mesmas civilizações, assim como a islâmica, não lograram satisfatória industrialização, desde o século XIX e com isto se tornaram sociedades do Terceiro Mundo. Algo de semelhante ocorreu com a América Latina, embora Brasil e México tenham alcançado um importante nível industrial, mantendo-se, entretanto, como sociedades subdesenvolvidas, por não terem logrado elevar a um patamar educacional satisfatório a maioria de suas populações.

Defrontamo-nos, em nossos dias, com uma angustiosa questão: é recuperável a perda de um prazo histórico? A essa questão China e Índia, assim como alguns países do Sudeste Asiático, estão dando uma resposta afirmativa. Por outro lado, impressiona a medida em que se revela persistente o atraso econômico-tecnológico e, sobretudo, sociocultural, de um grande número de sociedades, inclusive as da América Latina e, nesta, notadamente as andinas. Tal atraso, se persistir, tenderá a ser irreversível.

O processo de desenvolvimento de uma sociedade, nas condições contemporâneas, se tornou mais complexo em virtude da acelerada globalização decorrente da Revolução Tecnológica. No curso do século XIX e princípios do XX os processos de desenvolvimento ocorriam no âmbito de Estados Nacionais. Assim se desenvolveram os Estados Unidos, os países da Europa Ocidental e, mais tardiamente, o Japão. Nas condições atuais, o processo de globalização introduz no conjunto do mundo um novo protagonista, a empresa multinacional. Por outro lado, depois do colapso da União Soviética, o mundo ficou submetido a uma única superpotência, os EUA.

Entre os múltiplos efeitos daí decorrentes observa-se a medida em que os países que permaneceram subdesenvolvidos, com exceção da China, Índia e alguns países do sudeste asiático, foram perdendo crescentes margens de autonomia interna e externa. As empresas multinacionais, em grande número de países subdesenvolvidos, neles ficaram economicamente dominantes, operando de sorte a tornar compulsiva, nesses países, uma orientação econômica compatível com as exigências do mercado internacional. O neoliberalismo, de procedência anglo-saxônica, impôs sua ortodoxia econômica a esses países, independentemente das aspirações populares e do que desejam seus líderes. Essa ortodoxia neoliberal levou ao sucateamento do importante parque industrial da Argentina e a um esterilizante monetarismo no Brasil, a despeito das convicções socialdemocratas de um presidente tão brilhante e qualificado como Fernando Henrique Cardoso ou como esse extremamente inteligente ex-líder sindical, Luiz Inácio Lula da Silva. A autonomia externa desses países, por outro lado, se torna cada vez menor, em função da amplitude do poder hegemônico dos Estados Unidos.

O resultado desse duplo processo – hegemonia interna das multinacionais e externa dos EUA – está sendo o de reduzir um crescente número de países à condição de meros segmentos do mercado internacional. Persistem os aspectos simbólicos das soberanias: hino nacional, bandeira, exércitos de parada, e até eleições, nas sociedades democráticas. Os dirigentes desses países, todavia, submetidos a irresistíveis constrangimentos econômicos, culturais, políticos e, no limite, militares, são forçados a atuar de conformidade com as exigências do mercado internacional e as diretrizes de Washington.

Nessas novas condições algumas sociedades logram, assim mesmo, se desenvolver econômica e socialmente, embora privadas de autonomia externa e de efetiva autonomia interna. Nesses casos, entretanto, não se pode mais falar de "desenvolvimento nacional" e sim de "desenvolvimento territorial". Os países europeus, apesar de seu alto nível de desenvolvimento, tiveram que se agrupar na União Européia para conservar relevantes aspectos de sua identidade nacional e respectivo destino histórico. Os demais estão sendo convertidos, como já mencionado, em meros segmentos do mercado internacional. Nessa condição, só logram prosperar os países de pequena população e elevado nível educacional. Tornam-se províncias prósperas do Império Americano. Os países de grande população, majoritariamente deseducada, são submetidos à marginalização e à imiseração de suas grandes massas. Suas elites, no entanto, em grande parte se desnacionalizam e se tornam membros favorecidos do Império.

2. AMÉRICA LATINA

Uma análise das atuais condições da América Latina deve, inicialmente, levar em consideração os efeitos decorrentes da diferenciação econômica e, em larga medida, política, do Norte e do Sul da região. Os países do norte da América Latina, compreendendo América Central e México, submetidos à irresistível gravitação dos Estados Unidos, formalizada, no caso do México, pelo Nafta, se tornaram economicamente dependentes do sistema norte-americano, com decorrentes efeitos políticos. México tem logrado preservar sua identidade nacional em virtude de sua poderosa cultura popular e alta cultura erudita. Mas, dependendo em cerca de 80% de seu comércio exterior com os Estados Unidos, com sua economia interna predominantemente controlada por multinacionais americanas, está completamente atrelado ao vizinho do norte.

A América do Sul, diferentemente, ainda dispõe de apreciável margem de autonomia, embora de forma declinante. Brasil, Argentina e Venezuela, com mais de 90% da população e do PIB do Mercosul, representando uma massa populacional e econômica mais de três vezes maior do que a dos demais países da região, constituem um decisivo pilar de sustentação da margem de autonomia interna e externa que ainda subsiste na América do Sul. Essa autonomia, entretanto, como precedentemente referido, tende a declinar com celeridade se providências corretivas não forem oportunamente adotadas. A questão da medida em que os países da América do Sul logrem preservar um destino nacional próprio depende, assim, no curso de um prazo historicamente curto, dificilmente de mais de vinte anos, da conveniente conjugação de dois processos: (1) domesticamente, de um acelerado desenvolvimento econômico e sociocultural e (2) internacionalmente, da consolidação do Mercosul e da conversão da Comunidade Sul-Americana de Nações em algo de efetivamente operativo, em termos econômicos e políticos.

Esses dois processos são em ampla medida interconectados. A consolidação do Mercosul, a prazo relativamente curto e a subseqüente integração sul-americana, são condições indispensáveis para a preservação da autonomia externa dos países da região. Tal integração, entretanto, só é viável e só terá efeitos positivos na medida em que se eleve o nível de desenvolvimento econômico e sociocultural dos países da América do Sul, particularmente os três precedentemente mencionados.

São múltiplas as dificuldades que se opõem tanto a uma satisfatória elevação do patamar de desenvolvimento dos países sul-americanos, inclusive dos que exercem decisiva influência na região, como as que travam os esforços integrativos da América do Sul. De modo geral, as dificuldades relativas ao desenvolvimento desses países decorrem do fato de que, com exceção da Argentina, seja extremamente baixo o nível educacional dos dois outros que compõem o eixo de sustentação autonômica da região. Esse nível educacional é, todavia, pior em países como Bolívia, Equador e Peru. No que se refere à Argentina, observa-se que persiste, o divisionismo peronismo – antiperonismo e, o que é mais grave, a divisão entre peronismos de esquerda e de direita, e entre as lideranças Kirchner e Duhalde. Esse divisionismo ideológico teve conseqüências fatais, no caso do *défault* argentino de 2001. O país, entretanto, se vem recuperando rapidamente dessa crise. Dispondo da mais educada população da América Latina, a Argentina, se circunstâncias externas não o impedirem, deverá ser o país sul-americano que mais rapidamente alcançará um satisfatório patamar de desenvolvimento. A preservação da sua autonomia, entretanto, dependerá da efetiva integração da América do Sul.

No que se refere ao processo integrativo da região, encontra-se o mesmo extremamente dificultado, ademais de outros fatores, pela crise que profundamente afeta os países andinos. Bolívia, Equador e Peru não lograram, no curso de sua história independente, uma minimamente satisfatória integração de suas maiorias indígenas a suas minorias hispânicas. A Colômbia, ademais de experimentar, em menor grau, essa dicotomia, é afetada pela associação da guerrilha revolucionária com o narcotráfico, o que permitiu que importante parcela do território nacional escape ao controle do Estado colombiano, com sérias repercussões na própria capital do país.

As dificuldades integrativas são agravadas pelo fato de que a aliança estratégica argentino-brasileira ainda se encontra mais em estágio declaratório do que operativo. Essa aliança é a condição *sine qua non* para a consolidação do Mercosul e para a integração sul-americana. A despeito dos propósitos que alimentam a maioria dos dirigentes desses dois países e não obstante relevantes progressos realizados, desde as presidências Sarney e Alfonsín, o entendimento operacional ainda é modesto e intermitente. Intentar-se-á, na terceira seção deste capítulo, uma sucinta apreciação dessa questão.

Considerando as dificuldades que se opõem tanto ao processo de desenvolvimento doméstico, em países como Brasil, Argentina e Venezuela – ademais de nos outros da região – como as que obstam à integração sul-americana, cabe reconhecer que aquelas são as mais difíceis de superar. Isto porque a integração regional, com todas as dificuldades objetivas que apresente, depende, sobretudo, de uma esclarecida vontade política. Foi uma esclarecida vontade política que levou Alfonsín e Sarney a superarem as fúteis divergências que opunham Argentina e Brasil, convertendo relações antagônicas em relações de cooperação, em prazo extremamente curto. Essa mesma vontade política tenderá a se manifestar, com relação à integração sul-americana, a partir do momento em que os três países que vem sendo mencionados adquirirem um mais alto nível de capacitação política, apoiado por um satisfatório processo de desenvolvimento doméstico.

O problema do desenvolvimento doméstico, nos casos de Brasil e Venezuela, decorre do fato de esses países terem instituído uma democracia de massas por antecipação da formação de uma cidadania de massas. Essas dificuldades estão sendo parcialmente superadas na Venezuela, em virtude da democracia plebiscitária instituída pelo presidente Chávez. Em contrapartida, a classe média venezuelana a ele majoritariamente se opõe, o que o leva a um crescente autoritarismo, com os decorrentes inconvenientes, entre os quais a tendência a uma desestabilização do regime, a não longo prazo.

Entre os principais riscos com que se defrontam os países sul-americanos, na medida em que se prolongue seu atual estado de subdesenvolvimento doméstico e em que se atrase o processo integrativo da região, está o de perderem o prazo histórico de que para tal ainda dispõem, sendo convertidos em meros segmentos do mercado internacional e províncias do Império Americano.

É certo que os exemplos da Índia e da China revelam a possibilidade de tardia recuperação de um prazo histórico. Esses dois países estão, concomitantemente, ultimando seu processo de industrialização e avançando, aceleradamente, no seu desenvolvimento tecnológico (missilística chinesa e eletrônica indiana), ao mesmo tempo em que preservam e ampliam suas margens de autonomia internacional. Por quê a América do Sul e, nesta, países como Brasil, Argentina e Venezuela, não poderão também, ainda que tardiamente, recuperar os prazos para ultimar seu desenvolvimento nacional e ampliar sua autonomia externa ?

Essa questão permanecerá em aberto por ainda algum tempo. Uma análise comparativa, entretanto, dos casos indiano e chinês com o da América do Sul, em geral e, em particular, com os casos de Brasil, Argentina e Venezuela, revela a existência de importantes diferenças socioculturais, que favorecem os orientais e desfavorecem os sul-americanos. Trata-se, em última análise, do fato de que China e Índia são portadoras de uma cultura própria milenar, que logrou se ocidentalizar em termos técnico-operacionais, conservando, não obstante, seu substrato filosófico, ético e étnico. Os países sul-americanos, diversamente, são ex-colônias ibéricas, portadores de uma das vertentes da Cultura Ocidental e com esta se identificando. Ser parte do Império Americano é ser parte da civilização Ocidental. Essa situação é agravada quando se considere o caso das elites em cada um desses blocos. Importante parcela das elites chinesas e indianas se educou em universidades americanas e especializou seus conhecimentos os exercendo nos Estados Unidos. Isto não obstante, essas elites sempre conservaram seu respectivo caráter nacional, com ínfimas exceções. Sábios chineses transferiram para sua terra de origem, freqüentemente de forma ilegal, como em matéria nuclear e missilística, conhecimentos adquiridos nos EUA. A diáspora chinesa é a principal financiadora externa do desenvolvimento chinês. Algo de equivalente, embora em termos mais matizados, cabe falar da elite indiana.

Contrastando com essa conduta, importante parcela das elites latino-americanas se identifica com os EUA, notadamente no que se refere a pessoas marcadamente de aspecto caucasiano. Daí a facilidade com que, no caso da América do Sul, importantes setores de suas elites se fundem com as elites norte-americanas e encontram, na condição de membros privilegiados de uma província americana, uma situação que não lhes é repulsiva.

A condição de "província" do Império, entretanto, é extremamente negativa para as grandes massas da América do Sul. Tal condição perpetua e agrava seu nível de pobreza e de exclusão. Ela se torna particularmente repulsiva para os amplos setores dessas massas de predominante procedência indígena ou africana, como o revelam, atualmente, o neo-indigenismo dos países andinos e o neo-africanismo do Haiti.

3. O QUADRIÊNIO 2007-2010

O quadriênio 2007-2010 se revestirá da maior importância para os destinos da América do Sul. Trata-se, por um lado, do último quadriênio do primeiro decênio do século XXI e, assim, do período que lhe imprimirá suas características predominantes, que exercerão significativa influência sobre os anos seguintes. Trata-se, por outro lado, do período que corresponderá, no Brasil, ao segundo mandato Lula. Período esse que terá uma Venezuela ainda sob Chávez e uma Argentina, provavelmente, sob um segundo mandato de Kirchner. Nesse contexto, os resultados das eleições brasileiras de outubro de 2006 exercerão a maior influência sobre a região.

A esse respeito tive a oportunidade de tecer alguns comentários que me parecem conservar sua procedência, publicados na *Folha de S. Paulo* de 27 de julho de 2006. Transcreve-se, a seguir, parte do texto em referência.

O que significa um segundo mandado de Lula?

A questão apresenta dois principais aspectos. O primeiro se refere ao entendimento de como – a despeito da ininterrupta onda de escândalos que marcou seu governo e a despeito de sua gestão se ter caracterizado pela quase completa estagnação do país e total desatendimento de nossas necessidades infra-estruturais, de saúde, de saneamento, de educação e de cultura – foi possível para Lula obter, no segundo turno, 61% dos votos válidos. O segundo aspecto a considerar diz respeito ao que se possa esperar de um segundo mandato de Lula.

O primeiro aspecto comporta uma resposta satisfatória. Decorre ela do fato de a sociedade brasileira estar dividida em dois grupos: dois terços dos brasileiros se encontram em estado de completa deseducação ou extremamente precária educação, e apenas um terço dispõe de um nível educacional comparável ao dos povos do sul da Europa.

A dramática deseducação desses dois terços de nossos concidadãos lhes acarreta duas principais incapacitações: (1) a do exercício de atividades não rudimentares, com decorrente nível extremamente baixo de remuneração; (2) a de um entendimento mínimo dos problemas nacionais, ficando a atenção desses brasileiros voltada, exclusivamente, a questões atinentes à imediata sobrevivência.

Para esses dois terços, quase todos os aspectos negativos do governo Lula passam despercebidos, e o pouco de que venham a se inteirar lhes é indiferente. Nessas condições, os eleitores desse grupo dirigem aos candidatos uma única questão:

que tenho eu, minha família e meu grupo a ganhar? A resposta óbvia foi: tudo com Lula, nada com Alckmin.

O outro terço, satisfatoriamente educado, formula outro tipo de questão: que tem o Brasil a ganhar com Lula ou com Alckmin? A resposta, igualmente óbvia, foi: muito pouco com Lula, e bastante com Alckmin. Essas duas propostas explicam porque Lula teve 61% dos votos válidos no segundo turno, e Alckmin apenas 39%. Os terríveis efeitos da deseducação de dois terços dos brasileiros continuarão a se fazer sentir enquanto os excluídos da educação (e de modalidades superiores de cidadania) não lograrem um nível satisfatório de educação.

Constitui gravíssima responsabilidade das elites – pela qual estão e continuarão pagando um alto preço – o fato de, desde a Abolição, nada terem feito de relevante para a educação das grandes massas. A incorporação dessas grandes massas a níveis minimamente satisfatórios de educação vai requerer, na melhor das hipóteses, três gerações. Como assegurar, durante esse largo período, condições razoáveis para a vida pública do país?

Não há solução mágica, mas, certamente, melhoramentos importantes tenderão a resultar de uma ampla e profunda reforma do sistema eleitoral e do regime dos partidos políticos, algo que se apresenta como de suprema importância e urgência.

Regime distrital simples ou misto, legislação eliminadora de partidos de aluguel, fidelidade partidária, financiamento público de campanhas e dispositivos legais que conduzam, em cada legislatura, se nenhum partido obtiver maioria absoluta, à formação de uma coligação majoritária, com programa e liderança únicos. Esses temas são hoje objeto de amplo consenso. O que falta é vontade política.

Restaria a considerar, muito sucintamente, o que possa vir a ser o segundo mandato de Lula. Se abordarmos a questão a partir da extrema inteligência do presidente reeleito, a resposta tenderia a ser favorável.

Lula não tem outro mandato a disputar e dispõe da última oportunidade para se alçar a um nível de grandeza histórica. Cercar-se de gente extremamente idônea e competente e propor ao país um grande projeto de desenvolvimento econômico-tecnológico e sociocultural seria algo que lhe granjearia o apoio geral do Brasil e compeliria os adversários a respeitá-lo.

Iniciando o segundo governo com um alto nível de descrédito pessoal e baixíssima confiabilidade, não será com conchavos políticos que Lula poderá obter condições de governabilidade, e sim mediante um grande e confiável programa de governo.

A conduta inteligente, para Lula, seria a opção por uma postura histórica, que lhe renderia amplo apoio popular e tenderia, decorrentemente, a lhe gerar satisfatória base parlamentar. Em tal hipótese o Brasil seria levado a um acelerado desenvolvimento econômico-social e desfrutaria de condições propícias para exercer uma grande política sul-americana. Lamentavelmente, as indicações dadas no início do segundo mandato são alarmantes, no sentido de este ser uma continuidade do precedente.

Uma exitosa política sul-americana, a partir de uma situação doméstica favorável, – que não parece venha a ocorrer – dependeria, para Lula, da medida em que lograsse induzir Kirchener e Chávez a com ele formar uma liderança compartida. Chávez se defrontaria com a alternativa de ficar reduzido a um modesto caudilhismo andino, objetado na própria sub-região pela Colômbia de Uribe e pelo Peru de Alain Garcia, ou participar de uma grande liderança tríplice sul-americana, conducente à consolidação do Mercosul e da Comunidade Sul-Americana de Nações, com ampla e crescente influência internacional. Essa mesma perspectiva seduziria Kirchner, sempre que constatasse a relevância de sua co-participação na liderança tríplice.

A dificuldade para se lograr um avanço importante, na integração sul-americana, na hipótese de se constituir uma liderança dual Kirchner–Chávez reside, pelos precedentes observáveis, na tendência de que tal liderança assuma características antibrasileiras. Assim como nenhuma integração sul-americana é exeqüível sem a ativa participação da Argentina e, muito menos, se tiver um caráter anti-argentino, assim também ocorre com relação ao Brasil. A integração sul-americana só é exeqüível sob a tríplice liderança do Brasil, da Argentina e da Venezuela.

Em que medida, perdendo-se o quadriênio de 2007-2010 para os fins da integração sul-americana, poderá esta ser exitosamente intentada anos mais tarde? Essa questão não comporta uma resposta taxativa. A História não se desenvolve linearmente e nela ocorrem muitas surpresas, como o ilustram, atualmente, os casos da China e Índia. Isto não obstante, é forçoso reconhecer as grandes debilidades da América do Sul nas presentes condições do mundo. A União Européia, que seria extremamente favorecida pela emergência de uma América do Sul integrada e crescentemente independente, não se dá conta disso, por renitente euromiopia e pelas demais circunstâncias que a privam de uma atuação internacional própria.

Opostamente, os Estados Unidos mantêm um grande projeto imperial que independe do presidente de turno. Esse projeto é incompatível com a formação de um sistema sul-americano autônomo. Assim é que, nas presentes condições do mundo, tende a ser irreparável, para a América do Sul, a circunstância de que não venham a lograr satisfatório encaminhamento, no curso dos próximos anos, os esforços de integração da região. As divisões internas na América do Sul se exacerbarão. O Mercosul se dissolverá ou ficará reduzido a uma entidade simbólica. A maior parte dos países sul-americanos se converterá em meros segmentos do mercado internacional e em províncias do Império. A presença militar dos Estados Unidos, ora extremamente reduzida e exercida sob o pretexto de treinamento das Forças Armadas do Paraguai, assumirá grande e manifesta proporção, passando a ser exercida em nome da guerra contra o terrorismo, mantendo um de seus principais núcleos na tríplice fronteira.

Nesse quadro constrangedor, Chile persistirá em sua política de estreita cooperação com os EUA, tornando-se mais um exemplo de exitoso desenvolvimento territorial. A Argentina tenderá a sofrer um agônico divisionismo, com uma direita refortalecida, tentando seguir a linha chilena e um resistente nacionalismo de centro-esquerda, tentando rearticular um projeto nacional. O Brasil, de seu lado, tenderá a experimentar uma terrível crise social, com suas principais metrópoles sujeitas ao incontrolável terrorismo decorrente da mobilização, pelo narcotráfico, das imensas massas marginais que as cercam e asfixiam. Nesse contexto, uma apavorada classe média apelará para soluções autoritárias de direita e tenderá a realizá-las por intervenção militar, quer diretamente, quer através de soluções do tipo Luiz Bonaparte. Além desse horizonte, nenhuma suposição é válida. A história é imprevisível a longo prazo.

16

ARGENTINA, BRASIL E VENEZUELA

1. INTRODUÇÃO

Objetivos

Intenta-se, neste breve estudo, situar a posição de Argentina, Brasil e Venezuela nas condições deste incipiente século XXI. Busca-se, mais especificamente, discutir a medida em que a articulação de uma aliança estratégica entre esses três países constitua um requisito fundamental para seu desenvolvimento e para a conversão da Comunidade Sul-Americana de Nações – ora limitada a um nível declaratório – em um efetivo sistema de cooperação econômica e política, dotado de relevância internacional e da capacidade de assegurar a preservação da autonomia nacional e do destino histórico dos países da região.

Por sucintos que sejam os objetivos deste breve estudo, não se pode empreendê-lo sem levar em conta as extraordinárias circunstâncias que caracterizam este século e em função das quais se delineia o futuro dos países em referência. Tais circunstâncias convertem este século no mais crucial período da história moderna. Trata-se, com efeito, do fato de que presentemente nos defrontamos com desafios historicamente inéditos, que põem em jogo os destinos da humanidade, da civilização industrial e da ordem internacional bem como as possibilidades de desenvolvimento de países emergentes como, entre outros, os da América do Sul.

Quatro desafios

Quatro desafios de suprema importância se apresentam neste século, em distintos níveis de profundidade e em função de diferentes prazos. Esses desafios são: (1) preservação da capacidade auto-reguladora da biosfera, sob pena de o planeta deixar de ser habitável; (2) amplo e profundo reajuste da civilização industrial, tal como atualmente se caracteriza, sob pena de ela se tornar materialmente inviável no curso da segunda metade deste século; (3) adoção de uma nova ordem mundial, racional e razoavelmente eqüitativa, sob pena de o mundo ser conduzido, na segunda metade deste século, à alternativa da consolidação de um Império Mundial americano, submetendo os demais países ao arbítrio de uma só nação e de seus dirigentes ou à formação de um novo regime bipolar ou multipolar, submetendo novamente o mundo aos riscos de um holocausto nuclear; (4) alcance, pelos países emergentes que aspirem à preservação de sua própria identidade e de seu destino histórico, de um satisfatório patamar de autonomia nacional e de desenvolvimento sustentável, sob pena de se converterem em meros segmentos do mercado internacional, controlados, endogenamente, pelas grandes multinacionais e, exogenamente, por Washington.

Esses quatro megadesafios, como já foi mencionado, se situam, como decorre de suas respectivas características, em diferentes níveis de profundidade e implicam, para serem enfrentados, diferentes prazos.

Biosfera

A partir da Revolução Industrial e, marcadamente, da Revolução Tecnológica do século XX, a emissão de poluentes nas águas e na atmosfera, notadamente CO_2, passou a superar a capacidade auto-regeneradora desses ambientes. Já se constatam, inequivocamente, os efeitos deletérios dessa poluição no aquecimento geral do planeta, com crescente redução das geleiras polares e decorrente elevação do nível dos oceanos, ademais da acumulação de outros efeitos potencialmente letais. Se medidas drásticas não forem oportunamente adotadas – como efetivamente não o estão sendo – o planeta se tornará inabitável. A espécie humana, por incapacidade autoregulatória, se tornará extinta, como ocorreu com a dos dinossauros.

Civilização industrial

A civilização industrial, decorrente da Revolução Industrial e maximizada pela revolução tecnológica do século XX, gerou alguns países que atingiram, em meados daquele século, um alto nível de desenvolvimento, o que assim ocorreu porque essa civilização industrial se restringiu a um número pequeno de povos. Dá-se, entretanto, que o mundo está sujeito, por um lado, a um crescimento demográfico que elevou a população mundial da ordem de 2,5 bilhões de habitantes, em 1950, a mais de 6 bilhões, atualmente, devendo ultrapassar 9 bilhões em 2050. Por outro lado, a industrialização, reduzida a um pequeno número de países até meados do século XX – países da Europa ocidental, EUA e Japão – está se generalizando para o restante do mundo, com os imensos contingentes populacionais de China, Índia, Brasil e outros, ingressando nessa civilização industrial. Já se pode prever, em função dos dados disponíveis (finalmente confirmando as previsões de Malthus), que a oferta de alimentos e de água potável não poderá acompanhar o crescimento exponencial de consumidores e, o que se apresenta como ainda mais provável, a disponibilidade de um elenco de minerais pouco abundantes, demandados pela sociedade industrial, não poderá satisfazer suas exigências quando contar com uma população da ordem de dez bilhões de habitantes. Essa situação, atualmente se apresentando no terreno de hipóteses estatisticamente previsíveis, se converterá em situação de fato na segunda metade deste século. Ante essa futura situação de fato, ou bem se logra, oportunamente, um amplo e profundo reajustamento da forma pela qual opere a civilização industrial, ou então se travará uma disputa feroz por recursos escassos ou não renováveis, conduzindo as grandes potências, provavelmente, a um novo tipo de imperialismo, sem precedente histórico.

Ordem mundial

O mundo sobreviveu, quase milagrosamente, ao curso da Guerra Fria. Ocorreu, entretanto, que depois do colapso da União Soviética, em 1991, não se logrou instituir uma nova ordem mundial dotada de satisfatória racionalidade e equidade. Encontra-se o mundo, assim, presentemente, ante duas possibilidades igualmente indesejáveis: (1) formação e consolidação de um Império Americano universal, submetendo os demais povos ao arbítrio de uma só nação e de seus dirigentes, ou (2) formação de um novo regime bipolar, americano-chinês, ou multipolar, se a Rússia lograr recuperar sua antiga posição de superpotência, expondo o mundo, novamente, aos riscos de um holocausto nuclear, que desta vez poderá não ser evitado.

Essa indesejável alternativa só poderá ser contornada se for oportunamente logrado um amplo e realista acordo internacional. Escaparia aos limites deste breve estudo qualquer intento de formular uma proposta para tal acordo. Vale recordar, entretanto, como significativa ilustração, o acordo alcançado por Felipe da Macedônia, no congresso de Corinto, em 338 a.C. Tendo então obtido total supremacia militar na Grécia, Felipe induziu os demais Estados gregos, com exceção de Esparta, a formarem uma Liga Helênica, em que cada Estado grego tinha uma participação na Assembléia dirigente proporcional a seu peso demográfico e importância política, ficando delegada à Macedônia e ao seu rei o comando militar do sistema. São patentes as analogias entre os EUA de nossos dias e a Macedônia de Felipe e, assim, o quadro em que uma possível confederação mundial, moldada sobre o exemplo macedônico, pudesse gerar uma satisfatória ordenação internacional, em substituição da alternativa "Império Mundial – novo risco de holocausto nuclear".

Sul-América

A Comunidade Sul-Americana de Nações, recentemente instituída, notadamente por iniciativa do ex-presidente Duhalde, constitui um acordo básico entre os países da região visando a sua oportuna conversão num efetivo sistema de cooperação econômica e político-cultural. São óbvias as dificuldades para se alcançar essa meta, não somente pelos obstáculos com que se defronta qualquer intento de integrar diversas nações como, particularmente, no caso em questão, dado o fato de que são excessivamente diversos os níveis desses países, em que se encontram sociedades andinas em situação extremamente crítica e países relativamente prósperos e desenvolvidos no sul do continente.

Sem embargo das evidentes dificuldades com que se depara qualquer intento de formação de um sistema sul-americano efetivamente operativo e satisfatoriamente conveniente para todos os participantes, é tanto ou mais inegável o fato de que, da formação de tal sistema depende a possibilidade de os países da região preservarem sua identidade nacional e alcançarem um destino histórico.

Com efeito, é indiscutível o fato de que o corrente processo de globalização, exacerbado pelo unilateralismo do governo americano, está conduzindo os países que não logrem se situar, autônoma e sustentavelmente, num satisfatório patamar de desenvolvimento econômico-tecnológico e sociocultural, a se converterem em meros segmentos do mercado internacional, endogenamente controlados por grandes multinacionais e, exogenamente, por Washington. Nas presentes condições do mundo e da América do Sul, nesta apenas quatro países – Argentina, Brasil, Chile e Venezuela – conservam um mínimo de autonomia nacional e de possibilidades de um destino histórico próprio. Esses mesmos países, todavia, não lograrão alcançar esses objetivos se intentarem fazê-lo isoladamente. A margem de desnacionalização de suas economias já é extremamente elevada, da ordem de 47% no caso do Brasil e, com a exceção da Venezuela sob o regime de Chávez, de muito mais, nos demais.

A instituição de uma estável e confiável aliança estratégica entre Argentina, Brasil e Venezuela conduzirá à formação de um núcleo duro que consolidará o Mercosul e, decorrentemente, um sistema sul-americano de cooperação econômica, política e cultural. Tal sistema proporcionará aos países da região a possibilidade de assegurar sua autonomia nacional e seu destino histórico, nas presentes condições do mundo. E lhes garantirá, a longo prazo, satisfatórias possibilidades de abastecimento em matéria de alimentos, de água potável, de energia e dos minerais necessários para a sustentação de sua capacidade produtiva, quando se configure a crise da civilização industrial.

2. NÍVEIS E PRAZOS

Os macroproblemas precedentemente referidos se situam, como já mencionado; em distintos níveis de profundidade e apresentam diferentes prazos para serem enfrentados. O problema de ordem mais geral é o ecológico. A poluição e outros efeitos deletérios da civilização industrial assumiram uma taxa de crescimento superior à capacidade de auto-regeneração da biosfera. Se drásticas medidas apropriadas não forem urgentemente adotadas – o que não está ocorrendo – o planeta se tornará inabitável. São conhecidas as medidas para tal necessárias mas sua adoção, notadamente no caso do maior país poluidor, os EUA, vêm sendo proteladas por interesses políticos de curto prazo. Setores conscientes desses riscos estão intentando mobilizar a opinião pública americana para acabar com essa procrastinação. De seu êxito depende, em grande medida, a preservação da biosfera.

Os problemas relacionados com um amplo e profundo reajustamento da civilização industrial, para assegurar sua viabilidade material na segunda metade deste século, não estão recebendo satisfatória atenção e, muito menos, qualquer início de providências apropriadas. Não é impossível que uma nova geração de estadistas, nos principais países industriais, venha a tomar consciência desse problema e tentar solucioná-lo. Algo de decisivo tem de ser feito, na primeira metade deste século, para viabilizar a outra metade. Tudo indica, entretanto, que dificilmente se logrará a esse respeito um conveniente acordo internacional. Em tal caso, é de prever-se a ocorrência, na segunda metade do século, de uma disputa feroz por recursos escassos e não renováveis.[10] Na presente data, a demanda por tais recursos já é 20% maior que sua renovação.[11]

Para assegurar seu acesso a esses recursos as grandes potências serão levadas a um implacável imperialismo de abastecimento, apropriando-se de suas fontes, situadas predominantemente em áreas subdesenvolvidas do mundo, entre estas figurando a América do Sul.

A indesejável alternativa "Império Mundial americano *versus* novo risco de holocausto nuclear" dificilmente receberá um tratamento racional enquanto as coisas não se aproximarem de um nível crítico. Os EUA vêm empreendendo, nos últimos decênios, um consistente esforço para sua conversão em um incontrastável Império Mundial. Esse esforço contém duas principais vertentes: (1) continuada preservação de superioridade mundial no plano econômico-tecnológico e (2) sustentação de absoluta supremacia militar relativamente a qualquer outra potência ou conjunto de potências. São inúmeras as providências que vêm sendo adotadas para esse efeito, desde a manutenção doméstica dos esforços necessários para tal, incluindo um gigantesco orçamento de defesa, até o estacionamento, à moda das legiões do Império Romano, de forças americanas em estratégicas posições no mundo, inclusive, recentemente, no Paraguai, como possível futura contenção da Argentina e do Brasil.

O extraordinário crescimento econômico da China, mantendo nos últimos trinta anos taxas anuais da ordem de 10%, dela tenderá a fazer uma super-

---

10. Estimativas de 1976 da Agência de Minérios dos EUA indicavam que, mesmo se novas descobertas e tecnologias decuplicarem as reservas de minérios indispensáveis ao processo industrial, como petróleo, óleo natural, urânio, molibdênio, tungstênio, cobalto, cobre, chumbo e zinco, estes não serão mais disponíveis em 2075.
11. Cf. Relatório sobre a Biodiversidade (Cap. 8), Curitiba.

potência até meados do século, se lograr sustentar esse desenvolvimento e adotar oportunos reajustamentos institucionais. São inúmeros os obstáculos a serem superados, para esse efeito, pela China. Avultam, entre esses, o crescente desequilíbrio de renda entre a maioria rural da população e a minoria urbana, da ordem de 1 para 5. Tal desequilíbrio gera pressões incontíveis de migrações para as cidades e está criando problemas de emprego, de moradia e de ordem legal. Se a China lograr solucionar esses e outros graves problemas, sua provável futura condição de superpotência constituirá um obstáculo, só removível pela força, à universalização da hegemonia americana. Ciente dos riscos que cercam suas instalações nucleares a China está desenvolvendo, para conjurar esses riscos, um significativo arsenal de mísseis nucleares aptos a atingir o território americano, já dispondo de apreciável contingente.

É imprevisível o que poderá ocorrer no mundo se e quando a China alcançar, com satisfatória capacidade nuclear, a condição de superpotência. Em tal situação, somente um apropriado acordo internacional lhe poderá dar um encaminhamento racional e eqüitativo, sob pena de se restabelecer o risco de um holocausto atômico.

Mencione-se, finalmente, a matéria relacionada com o quarto ponto precedentemente referido, relativo aos países emergentes. A esse respeito, três requisitos são particularmente relevantes: (1) prazo, (2) efetivo desenvolvimento doméstico e (3) apropriadas integrações.

Restringindo a discussão ao caso dos países sul-americanos, em geral e de Argentina, Brasil e Venezuela, em particular, o que está em jogo, em matéria de prazo, é o historicamente curto tempo de que esses países ainda dispõem para lograr, autonomamente, atingir um satisfatório patamar de desenvolvimento sustentável. A ampla margem de desnacionalização já alcançada por suas economias restringe o prazo de que dispõem para empreender, autonomamente, os esforços requeridos para atingirem os referidos objetivos. A desnacionalização doméstica gera, no interior desses países, solidariedades com o mercado internacional, sobretudo o financeiro, impeditivas de efetivas políticas nacionais de desenvolvimento – o que explica a orientação neoliberal das economias desses países nos últimos anos. Se tais esforços não forem prontamente iniciados, perder-se-á, a relativamente curto prazo, a possibilidade de empreendê-los. Por outro lado, para alcançar os objetivos desejáveis, esses países terão de manter consistentemente tais esforços, por algo como vinte anos.

3. REQUISITOS

A formação de uma estável e confiável aliança estratégica entre Argentina, Brasil e Venezuela, ademais de depender de uma lúcida vontade política, por parte dos governos desses três países, depende de uma combinação de fatores, desde os que se refiram a uma compartilhada visão das condições domésticas e internacionais com que se defrontam, até, muito particularmente, a adoção de um programa industrial comum.

A primeira condição para a efetividade dessa aliança é o reconhecimento, não apenas pelos respectivos governos, mas também por setores relevantes dos países em questão, de sua *absoluta necessidade*. Não se trata, apenas, de se considerá-la algo conveniente. Trata-se do profundo e durável entendimento de que essa aliança, como ficou precedentemente evidenciado, é condição necessária para a preservação da autonomia nacional e do destino histórico de seus partícipes e, por decorrência, dos países sul-americanos.

A efetividade dessa aliança requer, no nível doméstico de cada partícipe, um sustentável esforço próprio de desenvolvimento econômico-tecnológico – incluída a conveniente utilização das facilidades dela decorrentes – de sorte que a otimização da economia dos membros da aliança reforce sua importância internacional e sua relevância para os partícipes.

A efetividade dessa aliança dependerá, fundamentalmente, do melhoramento dos meios de comunicação, transporte e intercâmbio de energia entre os países-membros. Dada a posição geográfica do Brasil é, sobretudo, no território deste, que se encontram as linhas de comunicação entre os três países. Urgentes esforços conjuntos para melhorá-las precisam ser mobilizados para esse efeito.

A sustentabilidade, a longo prazo, dessa aliança dependerá, endogenamente, da adoção de um programa industrial comum e de sua efetiva implementação. Exogenamente, da apropriada harmonização da política externa dos três países.

De há muito está se fazendo sentir, no âmbito do Mercosul, a necessidade da adoção de um programa industrial comum, de sorte que cada membro tenha satisfatória participação na produção industrial do conjunto. Essa necessidade se torna ainda mais premente com o ingresso da Venezuela. A iniciativa desse programa industrial comum tem necessariamente de ser assumida por seus respectivos governos, com a apropriada mobilização de seus respectivos setores privados. A indispensável participação destes, no entanto, somente tenderá a se dar a partir do momento em que os governos dos três países tenham adotado decisões básicas, a esse respeito, tornando irreversível o processo.

A assimetria econômico-industrial existente no âmbito do Mercosul e que persistirá com a inclusão da Venezuela está minando o funcionamento do sistema. Demandas restritivas, senão, ocasionalmente, medidas unilaterais, afetam o regime de mercado comum que se pretende adotar. Medidas tópicas têm aliviado essas pressões, mas não corrigem desníveis. Somente a adoção de um programa industrial comum, que assegure participações eqüitativas para todos os membros, permitirá compensar essa assimetria, conduzindo a sua gradual redução.

Não menos relevante que a adoção de um programa industrial comum é o ajuste, entre os partícipes, de uma política externa convergente. São os efeitos negativos do processo de globalização sobre nações emergentes que tornam imperativas modalidades apropriadas de integração e, no caso dos três países em discussão, sua aliança estratégica. Na medida em que esses países compartilhem basicamente a mesma visão do mundo, nessa mesma medida serão conduzidos a adotar políticas convergentes.

É importante assinalar o fato de que a inclusão da Venezuela num regime de aliança estratégica já adotado (embora imperfeitamente implementado) entre Argentina e Brasil terá, entre muitas conseqüências favoráveis, a de facilitar o processo de tomada de decisões. Os riscos de impasse, num processo decisório dependente de dois agentes, é em grande medida superado pela inclusão de um terceiro protagonista. Acrescente-se que, com a participação da Venezuela, se eleva significativamente a margem de auto-suficiência do grupo em matéria de energia, água potável, minerais e alimentos.

É certo que a exuberante personalidade do presidente Chávez e sua inconsiderada retórica antiamericana – assumindo gratuitamente posições antagônicas, em vez de convenientes posições autonômicas – podem constituir um obstáculo a um racional encaminhamento dessa aliança estratégica. Tudo indica, entretanto, que em se dando ao presidente Chávez decisiva voz na aliança tripartite, ele se ajustará ao projeto.

A formação de uma aliança estratégica entre Argentina, Brasil e Venezuela já eleva automaticamente, em grande escala, na medida em que seja efetiva, a relevância internacional desses países e seu poder de negociação. Essa aliança, por outro lado, levará, quase que necessariamente, à consolidação do Mercosul. Esta, por sua vez, tenderá a conduzir a Comunidade Sul-Americana de Nações a se converter num efetivo sistema de livre comércio e de cooperação econômica e política. Com isto se formará no mundo um novo grande interlocutor independente, que exercerá uma influência internacional próxima à da União Européia.

Entre as inúmeras importantes conseqüências da formação desse novo grande interlocutor internacional cabe mencionar, no curto e médio prazos, um significativo reforço, no mundo, das tendências ao multilateralismo e correspondente redução de manifestações hegemônicas. No mais longo prazo, uma Comunidade Sul-Americana de Nações efetivamente operante proporcionará, aos países-membros, condições para uma satisfatória preservação de sua autonomia nacional e de seu destino histórico. Acrescente-se, em face da perspectiva, para o último terço deste século, da grave crise da civilização industrial precedentemente referida, o fato de que essa Comunidade disporá de alto nível de auto-suficiência no tocante a suas demandas de alimentos, de água potável, de energia e de minerais escassos e de correspondente facilidade de negociação para os poucos itens que necessite importar.

Ante as considerações precedentemente expostas resulta indiscutível, por um lado, a imperiosa necessidade de uma aliança estratégica entre Argentina, Brasil e Venezuela. Por outro, resulta igualmente imprescindível que os dirigentes e setores esclarecidos desses três países tomem plena consciência da problemática com que os mesmos se defrontam e de modo geral, todos os países da região. É dessa tomada de consciência que depende a oportuna adoção das medidas que assegurem a preservação da autonomia nacional e o destino histórico dos países sul-americanos.

17

VALORIZAÇÃO DA AMAZÔNIA

1. O ABANDONO

Num país como o Brasil, marcado por amplas e lamentáveis incúrias de parte do poder público, nada é comparável ao absoluto abandono a que está sujeita a Amazônia. O que está ocorrendo nessa área, que representa 59% do território, é simplesmente inacreditável. Através de uma multiplicidade de processos a Amazônia está sendo submetida a uma acelerada desnacionalização, em que se conjugam ameaçadores projetos, por parte de grandes potências, para sua formal internacionalização, com insensatas concessões, sem qualquer controle, de áreas gigantescas, correspondentes, no conjunto, a cerca de 13% do território nacional, nominalmente, a uma ínfima população, de algo como duzentos mil índios e, na prática, à invasão estrangeira. Acrescente-se, a isso, inúmeras penetrações, freqüentemente sob a aparência de pesquisas científicas (não obstante os casos sérios) e a atuação de mais de cem Ongs, total ou parcialmente dedicadas a propósitos utilitários, de efeitos desnacionalizantes. Reportagem, publicada em caderno especial do *Jornal do Brasil* de 28 de janeiro de 2007, apresenta os mais alarmantes dados a esse respeito.

A Amazônia brasileira, representando 85% da Amazônia total, constitui a maior floresta tropical e a maior bacia hidrográfica do mundo, com 1/5 da água doce do planeta, sendo, concomitantemente, a maior reserva mundial de biodiversidade e uma das maiores concentrações de minerais valiosos, com um potencial diamantífero, na Reserva Roosevelt, 15 vezes superior à da maior mina da África, reservas gigantescas de ferro e outros minerais na região de Carajás, Pará, de bauxita no Rio Trombeta, também no Pará, e de cassiterita, urânio e nióbio, em Roraima.

O dendê, nativo da Amazônia e nela facilmente cultivável, constitui uma das maiores reservas potenciais de biodiesel. Em apenas 7 milhões de hectares, numa região com 5 milhões de quilômetros quadrados, pode se produzir 8 milhões de barris de biodiesel por dia, correspondentes à totalidade da produção de petróleo da Arábia Saudita.

É absolutamente evidente que o Brasil está perdendo o controle da Amazônia. A não longo prazo penetrações americanas e européias controlarão os setores estratégicos da região e, a partir dessa situação, justificarão a internacionalização da Amazônia ou esta se dará de fato. Ante essa situação, é urgentíssima uma apropriada intervenção federal.

Vista com seriedade, a questão requer, inicialmente, um conveniente levantamento do conjunto da problemática amazônica. Substantivamente, os principais aspectos em jogo dizem respeito a formas eficazes de vigilância da região e a formas igualmente eficazes de sua exploração racional e colonização. O Grupo de Trabalho da Amazônia, coordenado pela Agência Brasileira de Inteligência (Abin), já dispõe de um importante acervo de dados, contidos em relatórios a que as autoridades superiores, entretanto, não vêm dando a menor atenção. É indispensável tomar o devido conhecimento desses relatórios. Sem prejuízo das medidas neles sugeridas e de levantamentos complementares, é indiscutível a necessidade de uma ampla revisão da política de gigantescas concessões territoriais a ínfimas populações indígenas, no âmbito das quais, principalmente sob pretextos religiosos, se infiltram as penetrações estrangeiras. Enquanto a Igreja Católica atua como ingênua protetora dos indígenas, facilitando, indiretamente, indesejáveis penetrações estrangeiras, igrejas protestantes, nas quais pastores improvisados são, concomitantemente, empresários por conta própria ou a serviço de grandes companhias, atuam diretamente com finalidades mercantis, e propósitos alienantes, como a educação em inglês dos silvícolas brasileiros. O objetivo que se tem em vista é o de criar condições para a formação de "nações indígenas" e proclamar, subseqüentemente, sua independência com apoio americano.

Das grandes questões envolvidas na problemática amazônica nenhuma requer mais ampla revisão do que a que se refere a desmesuradas concessões de terras, numa implícita alienação da soberania nacional, a ínfimas populações indígenas. A matéria apresenta, inicialmente, um importante aspecto, referente ao que seja uma apropriada aproximação da questão indígena. Em última análise (excluída a mera eliminação dos índios adotada no século XIX pelos Estados Unidos) há duas aproximações possíveis: a do general Rondon, de princípios do século XX e a atual, dos indigenistas.

Rondon, ele mesmo com antecedentes indígenas, partia do pressuposto de que o índio era legítimo proprietário das terras que habitasse. A um país civilizado como o Brasil o que lhe competia era persuadir, pacificamente, o índio, a se incorporar a nossa cidadania, para tanto prestando-lhe toda a assistência conveniente, desde educação e saúde a facilidades para um trabalho condigno. Os indigenistas, diversamente, querem instituir um "jardim zoológico" de indígenas, sob o falacioso pretexto de preservar-lhes sua cultura. Algo de equivalente ao intento de criar uma área de preservação de culturas Paleolíticas ou Mesolíticas, no âmbito de um país moderno. O resultado final, – ademais de facilitar a penetração estrangeira – é converter a condição indígena em lucrativa profissão, com contas em Nova York e telefone celular, usados por gente convenientemente vestida de plumas.

Se a teoria indigenista requer uma séria discussão crítica, o que não oferece nenhuma dúvida é a urgente necessidade de ampla revisão das gigantescas áreas concedidas aos indígenas, se as submetendo a uma eficiente fiscalização federal, reduzidas a proporções incomparavelmente mais restritas, e se instituindo uma satisfatória faixa de propriedade federal, devidamente fiscalizada, na fronteira de terras indígenas com outros países.

2. CATÁSTROFE ECOLÓGICA E CONTRIBUIÇÃO DO BRASIL

A divulgação, em 3 de fevereiro de 2007, do relatório do Painel Intergovernamental de Mudanças Climáticas das Nações Unidas, contendo as mais alarmantes informações a respeito das mudanças climáticas do planeta, ademais de apresentar um quadro muito mais grave do que se imaginava, foi surpreendente, sobretudo, pelo fato de mostrar que a catástrofe ecológica, que se supunha um risco do que poderia ocorrer dentro de alguns decênios, já está se iniciando.

O documento, elaborado por uma equipe internacional de 2.500 cientistas da mais alta qualificação, representantes de 130 países, evidencia o fato de que os tão temíveis efeitos de aquecimento do planeta devidos, sobretudo, a gigantescas emissões de CO_2 causadas pelos atuais padrões de produção e consumo da sociedade industrial, já provocaram efeitos irreversíveis de longo prazo e tornarão o planeta inabitável se as mais drásticas medidas não forem imediatamente adotadas. 77% desse aquecimento se deve às emissões de CO_2, as quais provêm, sobretudo, do uso do petróleo e seus derivados nos meios de transporte e na produção de energia elétrica, com contribuição da hulha, a que se agrega uma quota, da ordem de 14%, de emissão de metano, ademais de outros poluentes, contribuindo com os restantes 9%.

O principal efeito decorrente de uma taxa de poluição da bioesfera muito superior a sua capacidade de auto-regeneração é o aquecimento do planeta. Estima-se que esse aquecimento poderá elevar a temperatura média da Terra, até 2100, de mais de 6º, sendo provável um aumento médio de 3º. Esse aumento acarretará efeitos catastróficos com a fusão das geleiras polares e dos altos picos, produzindo uma elevação do nível do mar que poderá chegar a perto de 60cm e a não menos de 18cm. Tal elevação tornará inabitáveis as terras baixas do planeta, como Bangladesh e Holanda e levará o mar a penetrar uma ampla faixa de todas as costas marítimas, inclusive, evidentemente, nossas queridas praias. A esses efeitos se agregam desastrosas conseqüências, decorrentes de profunda alteração do regime das chuvas e da até agora ordenada seqüência das estações. Ocorrerão, assim, devastadores ciclones, desertificação de amplas áreas e decorrentes conseqüências na agricultura e no regime da flora e da fauna.

Algo de irremediável já aconteceu e perdurará por muitos decênios, mesmo se deixarem de se produzir novas emissões de CO_2. Se, entretanto, não for urgentemente adotado um novo regime de produção e de consumo, a sociedade industrial tornará, a não muito longo prazo, inabitável o planeta.

Dentre as mais urgentes e imperiosas medidas a serem adotadas figura a redução, a níveis extremamente baixos, do atual emprego de petróleo e seus derivados e de hulha. Terão, assim, o mais prontamente possível, de serem substituídos por biocombustíveis e por energia nuclear. É nesse capítulo que a indispensável contribuição do Brasil se torna crucialmente relevante.

O Brasil dispõe da capacidade de sustentar, de forma renovável, uma grande parcela do consumo mundial de petróleo e hulha, através da produção, a muito baixo custo e em amplíssima escala, de etanol, substitutivo da gasolina, e, a custos algo mais elevados, de biodiesel, substitutivo do diesel. Para tanto é necessário que o governo proceda, urgentemente, aos estudos requeridos para instituir, com a possível celeridade, um sistema integrado de plantação de cana e de oleaginosos, de sua conversão em etanol e biodiesel e da distribuição internacional desses produtos.

Está na hora de uma radical revisão de nosso relacionamento com a Amazônia, que tem sido, até agora, de criminosa desatenção e ameaça, pelo que foi divulgado pelo governo, se converter, insensatamente, numa ainda mais criminosa alienação de toda essa região e de sua gigantesca reserva de recursos naturais.

Um plano de produção, em escala internacional, de etanol e biodiesel requer, além de urgente estudo, inclusive no que se refere aos futuros consumidores, um apropriado regime de financiação. Asseguradas as necessárias condições de preservação de nossa soberania, um programa dessa natureza abre um amplíssimo espaço para a aplicação de capitais estrangeiros, atraindo-se para a bioalternativa, entre outros empreendimentos, as companhias de petróleo. Importa organizar, dentro de uma conveniente política de conjunto, diversas empresas brasileiras, com adequada participação de capitais estrangeiros, que assegurem o atendimento, em ampla escala, da futura demanda internacional desses combustíveis.

Tal programa requer, a exemplo do que foi feito com o petróleo, a constituição de uma grande empresa pública, uma Embramazônia, dotada de grande capital, que se constitua na principal agência de exploração racional da Amazônia e na fiscalização da região, com devido apoio militar.

Mais do que os possíveis modestos efeitos do PAC o que imprimirá ao Brasil taxas de crescimento não de 5% mas de mais de 10% ao ano, é um grande programa de suprimento internacional de etanol e biodiesel, nessa indispensável substituição do petróleo e seus derivados, urgentemente exigida pela sobrevivência do planeta.

18

BRASIL: O QUE FAZER?

1. INTRODUÇÃO

Nenhum país do mundo, provavelmente, apresenta mais extraordinário intervalo do que o Brasil entre suas imediatas potencialidades e seu efetivo nível de desempenho. O Brasil, com mais de 8,5 milhões de km2, correspondendo a terras na sua quase totalidade utilizáveis, é o quinto maior território nacional do mundo e a quinta maior população mas, economicamente, ocupa apenas o 15º lugar mundial, abaixo da China, do México, da Coréia do Sul e da Índia, para citar somente países ainda subdesenvolvidos. Por que um país quantitativamente tão dotado de recursos naturais e humanos apresenta desempenho tão modesto?

Intentar-se-á, nas linhas a seguir, explicar as causas desse imenso descompasso. Importa, entretanto, desde logo, indicar a hipótese de trabalho deste estudo, segundo a qual o baixo padrão ético e a enorme margem de deseducação que caracterizam o Brasil, constituem a causa do extraordinário desaproveitamento de suas riquezas.

A mais perfunctória análise das condições de educação e vida da população brasileira mostra como apenas 1/3 desta apresenta níveis comparáveis aos de um país do sul da Europa. O terço inferior dessa população tem níveis equivalentes aos dos mais modestos países afro-asiáticos. O terço restante se aproxima significativamente do terço inferior.

A circunstância de ser grande a população brasileira faz de sorte a que seu terço superior seja representado por mais de 60 milhões de pessoas. Isso é uma vez e meia a população da Argentina e representaria, se essa população fosse independente, um país das dimensões da França. É a esse terço que se deve o nível econômico-tecnológico e cultural já alcançado pelo Brasil.

O fato, entretanto, de dois terços da população brasileira se encontrar em estado de total deseducação ou de muito elementares níveis de educação e de padrões de vida constitui uma alarmante indicação histórica do baixo padrão ético do país. As elites brasileiras, para se valerem, depois da Abolição, de mão-de-obra barata e dócil, não deram a menor atenção à educação das massas rurais, num país que permaneceu predominantemente agrário até a década de 1960. A migração dessas massas para os grandes centros urbanos, nas décadas seguintes, numa população que se tornou 85% urbana, inundou as cidades com gente incapaz de outro tipo de serviço que não o mais rudimentar trabalho braçal. A concentração dessa população nas grandes metrópoles criou em torno delas imensos anéis de marginalidade. A penetração do narcotráfico nesses anéis de marginalidade levou à formação de um gigantesco exército de reserva do crime. As polícias estaduais, encarregadas da segurança pública, se revelaram completamente incapazes de proporcionar padrões de segurança minimamente aceitáveis, ademais de acusarem elevados níveis de corrupção, resultante do confronto do dinheiro fácil dos traficantes com os modestíssimos salários dos policiais.

À "carência histórica" de padrões éticos, revelada pelo abandono educacional das grandes massas por parte das elites brasileiras soma-se, nesse nível das elites, uma ampla margem de oportunismo moralmente desinibido. No outro extremo da pirâmide social o esquerdismo fácil de intelectuais de modesta formação teórica contribuiu para generalizar, nas grandes massas, o princípio segundo o qual, compensatoriamente da injustiça social que sofrem, se justificam, para os marginalizados, modalidades ilegítimas de obtenção de vantagens. Neles adquiriu a mais ampla expansão a cultura da malandragem e a indiferença moral ao crime. A consciência ética ficou praticamente reduzida, no Brasil, a setores educados da classe média, principalmente a interiorana.

O problema atual do Brasil, assim, não se restringe apenas à necessidade de se retomar o caminho perdido do desenvolvimento e sim, adicionalmente, o de se recuperar, para o conjunto do país, satisfatórios padrões éticos médios.

2. O COLAPSO ÉTICO

É indiscutível o fato de que a sociedade contemporânea, notadamente a ocidental, se confronta com ampla perplexidade em matéria ética. A "morte de

Deus", anunciada por Nietzsche e sustentada pela maioria das filosofias atuais, dos pós-modernos franceses a Bertrand Russell, erodiu a credibilidade dos valores religiosos tradicionais e ainda não se logrou um satisfatório consenso para a adoção, em aceitável nível teórico – se é que se o chegará a lograr – de uma ética alternativa, que provavelmente se revestirá de caráter social-humanista.

Subsistem, entretanto, na prática de grande número de sociedades, princípios éticos básicos. Com diferenças de modalidade pode-se falar de éticas européia, americana, japonesa ou chinesa. O mesmo não se pode atualmente dizer do Brasil em seu conjunto.

Como precedentemente mencionado, as elites brasileiras abrem, na prática, um amplo espaço para atos oportunistas de inequívoca amoralidade. Exemplos de tais práticas são abundantes no mundo dos negócios e no mundo da política. A prática de formas amorais de oportunismo gerou nas grandes massas, como também já referido, uma amplamente difundida cultura da malandragem e correspondente insensibilidade moral. Ocorre, entretanto, como o revela inequivocamente a História, que os povos exitosos foram, em todas as épocas, os que se pautaram por consistentes padrões éticos.

Não obstante a relevância de outros fatores, como o nível médio de educação, a existência de uma cultura conducente ao espírito de empreendimento, e a disponibilidade de recursos materiais, o que tem diferenciado os povos exitosos dos fracassados, tanto atual como historicamente, foram seus respectivos padrões éticos. Assim ocorreu, na Grécia, com a excelência de Esparta, Atenas e Tebas. Na história romana, consistentes padrões éticos se mantiveram, com intervalos toleráveis, do início da República (510 a.C.) a Marco Aurélio (imperador de 161 a 180). O mesmo cabe dizer dos povos ibéricos, do século XIV à primeira metade do XVIII e de sua notável atual recuperação. A França mantém elevado padrão ético de Henrique IV a princípios do século XX e mais tarde com De Gaulle; a Inglaterra, desde o século XVIII. Os EUA, dos *Pilgrim Fathers* a Kennedy. O Japão, a partir da Revolução Meiji e a China moderna, desde Diang Xiaoping.

Na história independente do Brasil prevaleceram consistentes padrões éticos do Segundo Reinado aos anos de 1960, afrouxando-se a moralidade pública a partir das últimas décadas do século XX. Sem a restauração de confiáveis padrões éticos para o conjunto da população não há salvação para o Brasil. Essa restauração depende, por um lado, da ocorrência de manifestações contagiantes de exemplaridade ética, a partir da cúpula e, por outro lado, de eficazes esforços de radical correção dos excessivos desequilíbrios sociais.

3. O COLAPSO DO CRESCIMENTO

O colapso ético é a causa profunda de todas as deficiências brasileiras. A causa imediata de nossa estagnação, entretanto, decorre da incapacidade de nossos dirigentes e das equipes econômicas que os assessoram de formular um projeto desenvolvimentista fiscalmente equilibrado. Daí o renitente neoliberalismo que vem asfixiando o Brasil nos últimos decênios.

Devidamente examinados os fatores que imobilizam o país observar-se-á que, no fundamental, se reduzem a três: (1) taxas exorbitantes de juros, sobrecarregadas por asfixiante carga tributária; (2) artificiosa sobrevalorização cambial do real e (3) excessivo gasto público, principalmente da União, podendo se estimar em mais de 20% os gastos parasitários.

Se é certo que o equilíbrio das principais macrovariáveis, como a monetária, a fiscal e a cambial, constitui um relevante requisito para um desenvolvimento sustentável, não é menos certo que erigir esse equilíbrio em meta absoluta, em detrimento das condições que ensejam o desenvolvimento econômico, como ocorre com a ideologia neoliberal, tem inevitáveis efeitos estagnantes. O Brasil parou de crescer desde a década de 1980 e vem acusando, desde então, pífios índices anuais de crescimento, da ordem de 2%, enquanto o conjunto do mundo cresce a taxas superiores a 3%. Países dinâmicos, como China e Índia, apesar de suas gigantescas populações, crescem, sustentavelmente, a taxas anuais da ordem de 10% e 8% e a Argentina de Kirchner a taxas de mais de 7%.

Se é necessária a manutenção de uma política antiinflacionária, notadamente no que se refira a taxas de desvalorização monetária que superem a casa dos 20% ao ano, não é menos certo que o controle da inflação não pode ser erigido em objetivo supremo da economia, sob pena de se a condenar à estagnação, como vem ocorrendo no Brasil.

A tese de que pequenas taxas de inflação conduzam, necessariamente, a formas incontroladas de inflação, é puramente ideológica. Aceitá-la significa descrer dos mecanismos aptos a controlar a inflação, conduzindo, como se tem feito no Brasil, a um antiinflacionismo preventivo que resulta, inevitavelmente, em estagnação. O extraordinário desenvolvimento brasileiro ocorrido com o governo Kubitschek se deu ao preço de uma taxa anual média de inflação da ordem de 20%. Graças a ele um país agrário foi convertido, no curtíssimo prazo de cinco anos, num país industrial. É mais que óbvio que valeu a pena. Acrescente-se que se dispõe atualmente de recursos que permitem formas aceleradas de desenvolvimento com taxas mínimas de inflação, como ocorre na China e na Índia. O que importa é adotar-se e se implementar um competente projeto de desenvolvimento. Isto pode e deve ser feito no Brasil, mas não se o está fazendo.

Se o neoliberalismo monetário vigente for substituído por um esclarecido projeto desenvolvimentista poder-se-á reduzir a taxa de juros a níveis compatíveis com a atual taxa de inflação, de menos de 4% ao ano, reduzindo-se os juros a menos de 8% ao ano e, simplesmente com isso, poupando a União de cerca da metade de um dispêndio anual que ora representa algo como 8% do PIB e se canalizando os imensos recursos daí decorrentes para projetos prioritários. Uma radical redução de juros, combinada com severa revisão do gasto público permitirá correspondente redução da carga fiscal, que se aproxima de 40% do PIB, com o que, novamente, se liberarão imensos recursos para projetos prioritários e, concomitantemente, se aliviará o setor privado, permitindo-lhe significativo aumento da poupança e do investimento.

Como é do conhecimento geral a inflação resulta do excesso de demanda, relativamente à disponível oferta de bens e serviços. Comprimindo-se drasticamente a demanda, como o faz o neoliberalismo, logra-se, evidentemente, evitar a inflação, mas se o logra ao preço – que o Brasil vem pagando nestes últimos decênios – da estagnação. Opostamente, dinamizando-se a economia e sua oferta de bens e serviços evita-se a inflação pelo lado da oferta, assegurando-se elevadas taxas de crescimento econômico. Deste depende o desenvolvimento nacional, não apenas econômico, mas também social, pelo aumento do emprego e da remuneração do trabalho e para o atendimento de urgente e imprescindível reforma urbana.

Observemos, relativamente à atual situação do Brasil, o fato de que, ademais de vítima do neoliberalismo, o país padece de grave crise ética, para a qual esse mesmo neoliberalismo contribui significativamente. O drástico estreitamento das oportunidades decorrente da estagnação e do desemprego estimula o apelo, por parte das elites, à prática de formas amorais de oportunismo e, por parte das massas, à adoção da cultura da malandragem.

Recorde-se, a esse respeito, a importante margem de autonomia que sempre caracteriza o universo ético. A pobreza não gera, automaticamente, formas ilícitas de apropriação de bens como, entre muitos exemplos, se observa na conduta da grande maioria dos pobres indianos. Tampouco a restrição de oportunidades produz nas elites, automaticamente, formas ilícitas de oportunismo, como se observa nas culturas de austeridade que vigoraram em países tão diversos como Japão e a Grã-Bretanha. É irrecusável, entretanto, a ocorrência de uma relação de causalidade circular entre elevados padrões éticos e prosperidade social.

4. O COLAPSO DA SEGURANÇA

O Brasil se tornou, presentemente, um dos países mais inseguros do mundo e, certamente, a mais insegura dentre as sociedades ocidentais contemporâneas. Dentro de condições favorecidas por uma longa estagnação, que vem desde a década de 1980 e do colapso dos padrões éticos, precedentemente referido, a formação de gigantescos anéis de marginalidade, em torno de nossas principais metrópoles e sua desinibida ocupação pelo narcotráfico, geraram para o crime um imenso exército de reserva de que se abastecem os traficantes que dispõem, para cada bandido preso ou morto, de dezenas de substitutos.

A extensa corrupção policial, notadamente no que se refere aos guardas presidiários, transformaram os presídios "de segurança máxima" em hospedagem de bandidos, que neles gozam de asilo e proteção e dos quais, impunemente, comandam livremente, por telefones celulares e outros meios, a prática do crime.

É preciso constatar, com absoluta objetividade, o completo fracasso de nosso atual sistema de segurança pública. Ante esse fracasso, insistir na manutenção do sistema vigente, sob a suposição de que poderá melhorar com a atribuição de maiores recursos, é simplesmente prorrogar e agravar a situação atual. Ante essa situação, como ante tantas outras com que o Brasil atualmente se defronta, se apresenta a questão: "o que fazer?".

Importa, de um modo geral, reconhecer que nesse caso, como nos demais abordados neste estudo, o problema central é o colapso dos padrões éticos do Brasil. Num país carente de muitas e importantes reformas, a reforma ética é necessariamente a mais relevante e da qual dependem as demais. Ter-se-á a oportunidade, a seguir, de abordar essa complexa questão que é a da reforma ética a qual, certamente, não depende, primariamente, de exortações morais. Sem prejuízo de sua dependência de uma profunda reforma ética a questão da falta de segurança, como outras abordadas neste estudo, também depende de um conjunto de circunstâncias e medidas que requerem consideração específica.

Em última análise o que está em jogo é a absoluta inviabilidade social da existência, em torno de nossas metrópoles, de imensos anéis de marginalidade, livremente utilizados pelo narcotráfico. Essa questão contém inúmeras implicações. Entre estas ressaltam as relações entre a população rural e a urbana e a medida em que o desamparo daquela estimula incontroláveis migrações para as cidades. Nestas se apresenta o complexo problema de que depende uma equilibrada habitabilidade urbana e, decorrentemente, a questão da casa popular. Apresentam-se, igualmente, as complexas questões do emprego, da educação e da saúde. Apresenta-se, finalmente, a questão da criminalidade, de sua prevenção e repressão e da forma pela qual se possam conceber razoáveis sistemas penal e presidiário.

Uma abordagem satisfatória dessas questões exigiria dimensões incompatíveis com este sucinto estudo. Salientem-se, assim, muito condensadamente, seus aspectos mais importantes. Para esse efeito haveria que se começar por um exaustivo estudo de conjunto de toda essa problemática, o que ainda não foi feito. Tive a ocasião de abordá-la, preparatória e perfunctoriamente, no capítulo IV de um recente livro, *Urgências e Perspectivas do Brasil* (Coleção Rio Branco, Brasília: IRBR/Funag, 2005).

Observa-se, desde logo, que a extraordinária complexidade das questões em jogo requer, para um intento sério de se lhes dar satisfatória solução, a mobilização conjunta dos esforços da União, dos estados e dos municípios, num programa de ampla envergadura que requererá, por vários anos, a mobilização de vultosos recursos, estimáveis, preliminarmente, em algo como 5% do PIB por ano. Algo, portanto, que ultrapassa completamente a simplória abordagem policial que até agora se lhe está dando. Mas que ultrapassa, também, a atual repartição do gasto público e dos recursos disponíveis.

Duas questões preliminares se apresentam, desde logo. A primeira diz respeito à medida em que, se não forem adotadas sérias providências que melhorem, substancialmente, a qualidade de vida da população rural, não se poderá evitar, de forma não autoritária, a continuação das migrações para as cidades, conduzindo estas a uma descontrolada densidade populacional. Sem se resolver essa questão básica, todos os esforços de uma razoável reurbanização do país serão vãos porque continuará ocorrendo um incontrolável influxo populacional na direção das cidades.

Contidas as migrações rurais para as cidades, através de condições favoráveis à retenção do homem no campo, a reorganização do sistema urbano apresenta uma infinidade de questões, a começar pelo entendimento do que seja uma razoável densidade urbana, para cada cidade. Essa questão foi satisfatoriamente enfrentada pela Europa, nisto auxiliada por sua atual estabilidade demográfica. Isto não obstante, um país como a Suíça, em virtude do considerável número de estrangeiros que nela pretende se radicar, instituiu limites de crescimento para suas cidades, submetendo a um regime de licença prévia o direito a nelas ingressarem novos habitantes.

Admitido o estancamento das atuais maciças migrações rurais para as cidades, um programa de reurbanização terá de identificar as condições em que se possa dar assistência pública à grande massa de deseducados urbanos, que se concentra nos anéis de marginalidade. Entre outras se apresentam complicadas questões de emprego, de educação e de saúde. Construir-se habitações populares para todos os que a ela aspirem conduziria ao duplo impasse de criação de uma demanda praticamente ilimitada e de um esforço de investimento muito superior às possibilidades brasileiras.

Apresenta-se, finalmente, com relação ao problema da marginalidade metropolitana, a questão do crime. Essa questão assumiu proporções dramáticas com o assassinato, em princípios de fevereiro de 2007, de um menino de seis anos num carro roubado por bandidos, que ficou preso ao cinto de segurança, pendendo do lado de fora do carro e foi implacavelmente arrastado sobre o asfalto por vários quilômetros, porque os bandidos preferiram sacrificá-lo barbaramente para assegurar sua fuga. Entre os alarmantemente freqüentes casos de brutal falta de sensibilidade moral mencione-se, nesse mesmo mês, o assassinato, após ter sido estuprada, de Thavane, uma menina de quatro anos de idade, em localidade da grande São Paulo.

Tornou-se ilimitado o grau de insensibilidade moral e social de significativa parcela de habitantes, sobretudo jovens rapazes totalmente deseducados, da marginalidade metropolitana. São eles que formam o exército de reserva do narcotráfico. Sem discutir aqui a completa inadequação dos sistemas penal e presidiário presentemente em vigor, o que é ainda mais urgente do que uma profunda reforma desse sistema é o reconhecimento, pelas autoridades e pelo conjunto da sociedade, do fato de que o mundo civilizado perdeu a guerra da droga. Assim como ocorreu com a *prohibiton* americana do álcool, que gerou terríveis gangues como a de Al Capone, assim a criminalização da droga está gerando bandos criminosos ainda piores e mais poderosos.

O que torna difícil a descriminalização da droga é o fato de que considerações morais simplistas levam muitos a julgar impensável a liberação, ainda que vigiada, da droga. Para evitá-la conjugam-se, nesse caso, os esforços dos narcotraficantes, que não querem perder seu proveitosíssimo negócio, com os dos agentes do combate à droga, que não querem perder seus empregos e, muitas vezes, as propinas que recebem dos narcotraficantes.

Uma ampla e profunda revisão do regime penal da droga requer, preliminarmente, a realização de uma grande conferência científica em que sejam examinados todos os aspectos da questão, dos médicos e sanitários aos psicológicos, sociológicos e jurídicos, submetendo-se a matéria a uma objetiva análise de custo-benefício relativamente à manutenção do atual regime de criminalização da droga ou à alternativa de uma liberdade vigiada, como a que prevalece para bebidas alcoólicas. Estou pessoalmente convencido de que os malefícios decorrentes das comprovadamente incontroláveis máfias do narcotráfico são incomparavelmente superiores aos que possam resultar de uma liberação vigiada do uso da droga, acompanhada de intensa divulgação dos malefícios de seu consumo. Os exemplos, por um lado, da final liberação, nos EUA, das bebidas alcoólicas e, por outro lado, da medida em que campanhas esclarecedoras dos malefícios da nicotina conduziram a uma ampla redução do uso do tabaco militam, inequivocamente, a favor da política de liberação vigiada. Há que se levar em conta, entretanto, a inconveniência de uma liberação puramente local da droga, como o ilustra o caso de Amsterdã. Para um país como o Brasil, ademais da aprovação científica, precedentemente referida, importaria inserir a liberação da droga num regime multinacional, de que participassem, pelo menos, os países de Mercosul.

5. RECUPERAÇÃO ÉTICA

É possível, para o conjunto de uma sociedade, sua recuperação ética? Na verdade, são numerosos os exemplos históricos de recuperação ética de uma sociedade. Sem pretender uma exaustiva enumeração de casos mencionem-se, entre os mais salientes, a recuperação da moralidade romana, submetida a ampla dissolução no final da República, pela atuação de Augusto. Mencione-se, no caso da França, depois da dissolução do Renascimento e dos abusos praticados em nome da religião, a recuperação efetuada por Henrique IV. Séculos mais tarde, depois dos desmoralizantes anos da IIIª República, a recuperação lograda com De Gaulle. Na Inglaterra, depois do regime dos Stuarts, no começo do século XVII, sobreveio o severo puritanismo de Cromwell. Séculos mais tarde, à livre frivolidade do século XVIII se segue a austeridade vitoriana (1837-1901). Mencione-se, igualmente, a recuperação moral da Alemanha, depois dos abusos do nazismo, com Adenauer e da Itália, depois do fascismo, com De Gasperi.

Os processos de recuperação moral de uma sociedade tendem a ocorrer mais freqüentemente, como o indicam os exemplos precedentes, em virtude da atuação esclarecida e de elevado padrão ético por parte de um dirigente público que restabeleça, numa sociedade desmoralizada ou que perdeu o senso de um destino próprio, o espírito de autoconfiança e de projeto nacional.

São socialmente relevantes, também, os casos de recuperação moral devidos a uma grande liderança religiosa ou ética. Assim ocorreu com Maomé (c.570–632) no mundo árabe. Assim com o impacto de Lutero (c.1483–1546), no mundo germânico. Assim com grandes papas, como Gregório I (590–604) ou grandes santos, como S. Francisco de Assis (1181–1226).

O problema da recuperação ética, no caso do Brasil, depende, por um lado, como se observa nos casos precedentes, da recuperação da autoconfiança dos brasileiros e de uma nova mobilização da sociedade por um projeto nacional dotado de poderoso apelo coletivo, a partir de uma liderança pública que se revista de respeitabilidade ética. Por outro lado, depende da medida em que esse novo projeto atenda, efetivamente, às necessidades das grandes massas desvalidas e para elas abra amplas oportunidades de incorporação à cidadania nacional.

O segundo reinado, a partir de um imperador austero e sábio, sucedendo-se à temperamental turbulência de Pedro I, instaurou nas elites do país uma grande confiança nos destinos do Brasil e nelas instituiu elevados padrões médios de conduta ética. Na República Velha o Brasil passou por períodos extremamente favoráveis com Campos Salles e, notadamente, com Rodrigues Alves. Depois da revolução de 1930, o primeiro período de Getúlio Vargas, passada a agitação revolucionária conduziu, com o Estado Novo, a uma boa e inovadora administração do país, exercida com elevado nível ético, que implantou com o Departamento Administrativo do Serviço Público (Dasp) uma racional organização pública e, com o extraordinário ministério de Gustavo Capanema, na pasta da Educação, gerou uma extremamente criativa atmosfera cultural, mobilizando os melhores talentos com total independência de suas convicções ideológicas. O fato, entretanto, de aquele governo se basear no golpe de Estado de 1937 e constituir, ainda que ilustradamente, uma ditadura presidencial, o privou de exercer maior influência sobre a sociedade.

O segundo governo Vargas, democraticamente eleito, marcado por excelente orientação econômica e social, não pôde exercer a influência que prometia por causa da agitação golpista que acabou por levar Vargas, em 1954, a preferir seu suicídio a sua deposição por um golpe militar.

Os anos seguintes, entretanto, foram extremamente férteis. Neles se exerceu, por um lado, a inovadora influência do Instituto Superior de Estudos Brasileiros (Iseb), com seu projeto nacional-desenvolvimentista e, a partir dessas idéias, o extraordinário governo de Juscelino Kubitschek. Como ele próprio afirmou, com toda a procedência, seu governo logrou, no curso de apenas um qüinqüênio, converter uma sociedade agrária numa sociedade predominantemente industrial. O impacto social desse governo foi extraordinário e tendeu a crescer na medida em que o curso do tempo fez esquecer pequenas quirelas do momento e o naufrágio do Brasil, na ditadura militar decorrente da deposição de João Goulart, em 1964, fez sobressair os grandes méritos do período Kubitschek. Um período que marcou decisivamente a sociedade brasileira mas não teve continuidade nos governos que o sucederam.

A longa estagnação em que o país se atolou, a partir da década de 1980, contribuiu para a perda de autoconfiança, no nível das pessoas e da sociedade e teve, entre seus efeitos, uma grave deterioração dos padrões médios de ética do país. Como precedentemente se mencionou, somente um novo projeto nacional, apto a mobilizar a ampla adesão dos brasileiros e restaurar sua autoconfiança poderá restabelecer satisfatórios padrões éticos.

A eleição de um ex-torneiro mecânico para a presidência da República, em 2002, teve um impacto extremamente favorável, mostrando um grau de abertura social no Brasil que não se suspeitava, fortalecendo significativamente as instituições democráticas. O primeiro mandato de Lula, entretanto, se por um lado revelou sua extraordinária aptidão para um bom relacionamento internacional do país, foi extremamente modesto, do ponto de vista doméstico. Sua política social, embora dinâmica, se revestiu de caráter meramente assistencial. Minorou significativamente, com a Bolsa Família, os mais imediatos efeitos da miséria, mas não contribuiu para erradicá-la nem para iniciar a correção dos fatores que a provocam. Fatal, para o governo Lula, foi sua timorata opção por um monetarismo neoliberal que, em troca da tranqüilidade decorrente do controle da inflação e do correspondente apoio do setor financeiro – que atingiu inauditos níveis de lucratividade – perpetuou a estagnação em que o país já se encontrava.

Ao se iniciar o segundo mandato de Lula não se dispõe, lamentavelmente, de condições para um prognóstico favorável. A preservação, no comando do Banco Central, do mesmo presidente a que se deve o neoliberalismo monetário do primeiro mandato, aponta na direção da manutenção dessa estagnante orientação. As modestas medidas previstas no Programa de Aceleração do Crescimento (Pac) para a suposta dinamização da economia brasileira terão efeitos muito reduzidos, inseridos no estagnante contexto do neoliberalismo que se pretende preservar. Poderá o país suportar mais quatro aos de estagnação, com a concomitante deterioração das já precárias condições socioculturais?

Os países, na verdade, tem uma extraordinária resiliência que leva muitos, como China e Índia, a atravessar longuíssimos períodos de estagnação e declínio para, em seguida, manifestarem surpreendente renascimento. O Brasil não deverá ser uma exceção a essa persistente resiliência que tantos países exibem. As coisas, entretanto, tenderão a se deteriorar ainda mais, particularmente no que se refere aos padrões médios de ética da sociedade brasileira. É convicção do autor destas linhas, entrante, que o extraordinário vigor social e econômico do Brasil o levará a suportar mais uma lamentável prorrogação da estagnação em que está vegetando desde a década de 1980. Desse vigor é de se esperar uma importante reação, a se dar, provavelmente, a partir da segunda década do século. Acrescente-se, finalmente, a possibilidade, ainda que pareça remota, de que essa reação possa vir a ocorrer ainda no curso do segundo mandato do presidente Lula.